日本世相

[日] 斋藤茂男 著

高璐璐 译

燃烧未尽的晚景

浙江人民出版社

图书在版编目（CIP）数据

燃烧未尽的晚景 /（日）斋藤茂男著；高璐璐译.
—杭州：浙江人民出版社，2022.3
ISBN 978-7-213-10411-4

Ⅰ.①燃… Ⅱ.①斋… ②高… Ⅲ.①人口老龄化-研究-日本 Ⅳ.①C924.313.4

中国版本图书馆CIP数据核字（2021）第248944号

浙江省版权局
著作权合同登记章
图字：11-2021-001号

SAITO SHIGEO RUPORUTAJU NIHON NO JOKEI
VOL.2: MOETE TSUKITASHI ...
by Shigeo Saito
© 1994 by Yoko Saito
Originally published in 1994 by Iwanami Shoten, Publishers, Tokyo.
This simplified Chinese edition published 2022
by Zhejiang People's Publishing House, Zhejiang
by arrangement with Iwanami Shoten, Publishers, Tokyo

燃烧未尽的晚景

[日]斋藤茂男 著 高璐璐 译

出版发行：浙江人民出版社（杭州市体育场路347号 邮编 310006）
市场部电话：(0571)85061682 85176516
责任编辑：郦鸣枫 周思逸
特约编辑：AOI
营销编辑：陈雯怡 陈芊如
责任校对：陈 春
责任印务：刘彭年
封面设计：厉 琳
电脑制版：杭州兴邦电子印务有限公司
印　　刷：杭州宏雅印刷有限公司
开　　本：880毫米×1230毫米 1/32　印　张：8.25
字　　数：184千字
版　　次：2022年3月第1版　印　次：2022年3月第1次印刷
书　　号：ISBN 978-7-213-10411-4
定　　价：48.00元

如发现印装质量问题，影响阅读，请与市场部联系调换。

关于《日本世相》

　　这套《日本世相》一共十二册,是纪实文学作品。二十世纪七十年代到九十年代间,我采访过很多普通人,记录下他们的生活实景和心理状态,于是有了这些"日本世相"的点滴。

　　当时想采访的主题很广,主要包括在经济高速增长的背景下,工厂与工人、学校与孩子之间的矛盾,夫妻之间的纠葛,家庭关系的破裂,以及两性关系、衰老、残障儿、生命……采访对象也形形色色,乍一看,似乎完全没有头绪。

　　原本我没想好是随性而为还是当正式工作去做,只是偶然观察到一些社会现象,嗅到了"时代表情"的气息,于是顺着这个主题去取材,竟发现了从未察觉的全新领域。我被深深吸引了,像是有神的启示,让我睁开好奇的双眼。我这才找到着力点,开始深入挖掘"初心"。虽然最初的题材有些虎头蛇尾,但在此范围里,我找到新目标,一边采访一边发现了更多新内容……

　　这种随性的摸索,最终带来了这套纪实文学作品。

　　话虽如此,但其实我自己也有一直想做的课题——"资本主义与人类的关系"。这个课题像低音回旋般,一直在心中回荡。大环境下,我们眼前一片繁荣,但只要稍微切换舞台,就能看到各类被异化的群体,他们深受各种打击。所有人都陷入一个巨大装置，努力把时间变为金钱，被强迫着，要更快、更有效率地活着，哪怕超越了身体极限，也不能浪费一分一秒。这种节奏让我们无法按照自然时间生活，过有生命力的生活。我们只觉得身心俱疲，不断被压榨着。外部世界看似华丽，内部却可怕地快速运转着，不断地把人卷入其中。不知所措的焦虑、充斥于心的空虚……终于有一天，忍不住爆发出来：我们究竟是在干什么！然而，也只是那么一瞬间而已，转眼工作来了，我们像自动切换模式的机器，迅速回到现实，按照既定方式，扮演既定角色。如果这就是现实，那日本的资本主义究竟是什么，即便它带来了第二次世界大战后的社会繁荣——这是我的思考，我想要亲自找到答案。

这套《日本世相》，每册的主题不同，但有一个共同的出发点和采访动机，那就是我想要挖掘出"桎梏的结构"。而且，从一个主题到另一个主题，采访过程也前后呼应。这十二本书相互关联，可以视为一个整体。

借这次整理的契机，我把之前零碎的内容整合起来，就像把散乱的石子排列整齐那样。但如何叙述采访对象经历的时代碎片，如何表达当下的现状，如何描述今后的发展，我依然在不断思考。我想从这些角度捕捉我观察到的整个时代的意义。幸运的是，我有得力的同行者，上野千鹤子女士、镰田慧先生、岸本重陈先生、汐见稔幸先生等，他们都在用自己独特的方式挖掘社会的本质，和我一道完成这一工程。在这套共同完成的"作品"里，日本世纪末的景象会是何种模样呢？

斋藤茂男

一九九三年秋

目 录

关于《日本世相》／001
前　言／001

I　老去之路，女性之路

夫妇的晚景／004

凄凉地、惨烈地……／漫长苦难的旅程／离婚后破镜重圆／用窗帘隔开的"分居"／带着关系不好的父母赴任／迷失在痴呆的黑暗中／淡定地只穿着和服衬衣、贴身裙／纠结后送到老人医院／暮色一点点笼罩了一切

没有尽头／027

一个屋檐下有两个痴呆老妇人……／捡垃圾放进衣柜里／生母和养母／熬过严寒风雪／被拉回到主妇的位置上／我的人生还剩下什么？

阿修罗之家 / 041

为东大毕业的儿子而自豪 / 哪怕把红色的百合花说成白色的…… / 母子相依为命 / 与新社员的邂逅 / 一夜之间变为"进步派" / 监视着有没有对她儿子好 / "这是个只看金钱和地位的世界" / 深夜,警察打来电话…… / 孙女离开奶奶,痴呆变得更严重 / 另一块重石 / 因为爱,所以分开? / 发现了先生的男女关系 / 失去母亲这个支柱 / 崩溃的幸福神话 / 再也不要奉献和隐忍

和X先生的对话 / 077

妻子们也有"发展权" / 何为更有质量晚年的土壤? / 为了让晚年生活更美更多彩

读者来函 / 085

死神在家门口等着 / 同行的人生路,很抱歉 / 不做"从军慰安妇"

Ⅱ 燃烧未尽的晚景

春 水 / 098

"我喜欢你……" / 在寂寞的人生路上相互拥抱 / 自由恋爱不被允许的年代 / 寡淡婚姻的辛酸之情 / 虽然有幸福的家庭 / 人生谢幕的生之悲哀

目 录

余生的梦想 / 116

伤了掌上明珠的心 / 温柔中的冷漠 / 人生的最后一幕 / 度过了潦草一生 / 从孤独地狱爬出来的两个人 / 往昔渐渐走远 / 短暂的夜里燃烧着生命的热情 / 被祝福的老去之路

黑色的锁 / 138

明治女性激荡的一生 / 禁止接触男性的少女时代 / 深夜，突然闯入房间的男性…… / 像捉住一只小鸟一样 / 女人们的深深仇恨

和 X 先生的对话 / 152

夕阳红的性被束缚了 / 如何活得更有尊严？

读者来函 / 157

日渐衰老的我寂寞难耐 / 想活得更炽烈

Ⅲ　现代弃老传说

日暮山河 / 166

去山沟沟的村里 / 漫长的冬天终于结束了 / 热闹的宴会之后 / 村里的生活很快乐 / 失去了心灵寄托 / 老人的内心无法得到满足

望乡之歌 / 188

不愿顺从时代 / 追上离开的老人们 / 荒废的农田越来越多 / 在大城市的监狱里

采访笔记 / 202

对普通人来说，过于清闲不可取 / 两个人都倒下的那一天还是来了…… / 老人是负担吗？

后　记 / 218

追踪采访　走向生命最后舞台的男男女女们…… / 220

面壁哭泣的男人 / 想到一个场景 / 你死了我就开心了 / 深夜的病房回荡着女人的叫喊 / 心意不通的悲剧 / 老年女性之间的相互伤害 / 老年人啊，独立吧！ / 有血缘关系的家人的现实 / 双方同意的离世 / 把死亡变成捉迷藏

译后记 / 244

前　言

这里收录的三章纪实报告，以迈向人生暮年的百样"老"态为卷轴，描绘了我对现代社会与人之间关系的思考——"如何活得更有尊严"。

第一章《老去之路，女性之路》的主角，是那些伴随着自身的"衰老"，仍然在迟暮之年为照顾家人而日夜操劳的女性们。

平均寿命的延长，使得痴呆老人①这一群体渐渐引起了社会关注。本章采访了照顾痴呆老人的家庭，尝试如实描写出负责照护的女性内心的苦闷。她们肩负沉重的压力，日复一日地过着看不到希望的生活。

第二章是《燃烧未尽的晚景》。这个标题来自一次采访途中，是我在一位七十多岁老妇人的歌词里听到的。她当时唱道："一想到人生有限，我也想做尽情燃烧自己的女人啊，哪怕只有一次……"

---

① 日语原文为"ボケ"，即中文的"痴呆"。为避免产生歧视，二〇〇四年日本厚生劳动省统一将"痴呆"改成"认知症"。目前中文关于"痴呆"的说法有：痴呆、认知症、失智症、认知功能障碍等，我们常说的阿尔茨海默病只是其中一种病因。但鉴于本书成书时日本仍采用"痴呆"一词，中文翻译仍使用"痴呆"，并无任何歧视。——本书注释均为译者注

正如这个标题给人带来的遐想，本章描绘了那些老年后再次迸发出旺盛性欲和生命力的女性，以及她们和情人之间的关系。在所剩无几的生命里，她们想要活出更精彩、更壮烈的姿态，让我不禁思考，性对人类来说意味着什么？衰老是如何发生的？我把自己的切身体会也写进了采访报告里。

第三章《现代弃老传说》里，我探寻了在白雪皑皑的北国自行了断生命的老人的足迹，想知道他们在何种情形下选择了赴死，以及老人的自杀又透露出什么讯息。针对这些无言的诉说，我试图通过采访挖掘其深意，并写在了记录本里。

以上内容陆续发表于一九八二年春天开始的《日本的幸福》系列中，是采访、记录后发表在报纸上的纪实连载作品。第一章的时间跨度是一九八二年十月到十一月，第二章是一九八三年二月到三月，当时在加盟共同通信社的全国四十家报纸上连载。第三章是为了本书重新编写的。

《日本的幸福》系列的前半部是《妻子们的思秋期》，已经出版发行。书里描述的是中年妻子们的内心状态，她们心怀好好活着的强烈愿望，深陷伤痛与苦恼的泥潭。我通过这部作品探索了现代社会里男人与女人的生存实态，又被这些采访勾起了对另一个话题的兴趣，那就是她们与人生另一面的老人们的关系。

曾经的一代代女性，生很多孩子，照顾年迈的父母，努力战胜贫穷，很快过完了短暂的一生。现代女性截然不同，她们坚定了要为自己开拓人生的决心，且不断为此创造条件。但要照顾家中的老人，尤其是要照顾残疾的老年人，依然是女性在日常生活中要面对的沉重课题。

当下的现实是，负责照顾老年人的绝大部分是女性，而非男性。在这种背景下,如果无视她们与老年人之间的关联,只说女性的独立,说什么要让她们度过精彩的"余生",不过是一场空谈。

其实这也是和男性息息相关的问题。男性总认为照顾老人、育儿、经营家庭都是女性的专长,甚至连自己也要把生命最后阶段托付给女性。如此,恐怕男性很难说自己是作为一个人过了自由的一生吧。进一步说,也很难认为那是男女之间相互独立又相互扶持着,建立了一段令彼此愉悦的亲密关系。

因为《妻子们的思秋期》,我第一次意识到,女性们看似总依附于谁,实则渴望拥有属于自己的人生,而且,这种想法已经成了时代潮流。在此基础上,我扩大了自己的采访视野,不断积累素材,整理出这部纪实文学作品。从这个意义上说,这本书是《妻子们的思秋期》的姐妹篇。

这次的采访经历,让我再度有了打开新世界的感觉。特别是在我听到那些老年女性略带羞涩地和我说起性与生命的悲欢,那一句句赤裸坦诚的告白,至今仍在我耳边回响,以至于当我写下"老"这个曾经对我来说毫无感觉的汉字时,一时间竟有些恍惚。

我们习惯性用"老年人"一概而论的这个群体,其实内部有着悬殊的年龄差,我们随口而出的"您老""爷爷""奶奶"也会让我们误解真实的他们……这些角度,对我来说是意料之外的视野扩展了。

如今,当思考老龄化社会的问题时,我不再抱持阴郁低沉的论调。相反,我开始怀有清爽的"老人观",大概是采访过程中那些活力满满的老年人让我感受到了他们对生命的热情吧。这些可以称为人生前辈的人,对我没大没小的提问无比包容,不仅没给我摆脸色,还大大方方地与我分享了他们的人生秘密。我现在真想大声对他们说:"今后也请越来越有智慧!"

  本书的采访部分延续了《妻子们的思秋期》的架构,由我和共同通信社的中豪、池田信雄两位记者共同负责。

斋藤茂男
一九八四年五月

I

老去之路，女性之路

我不知道今年是昭和多少年了，也叫不出自己的名字，不知道自己的年龄，
　　我也认不出儿子和老婆的脸……
　　据说，这样的痴呆老人在日本全国已经达到了五十万之多。
　　在加速迈入老龄化社会的当下，
　　日本一面享有长寿之国的美誉，另一面，却是这里的老人们虚弱地延续着残酷的余生。
　　这种实景开始在很多人的心里悄悄投下沉重的阴影。
　　一个人孤独地生活，在梦幻之境中迷茫着老去，何其悲凉。
　　但是，负责照护的家人们也在这段衰老残缺的人生之路上同行，
　　他们怀着苦行僧般的沉重心情，并不比老人轻松。
　　挑起这一重任，在家里二十四小时负责照顾老人的人，
　　大多数时候是女性。
　　眼看着自己最美好的时光一分一秒流逝，
　　身为女儿，身为妻子，她们背负着衰老的至亲，
　　又将如何度过自己的人生呢？

一 夫妇的晚景 一

凄凉地、惨烈地……

淅淅沥沥的雨，听起来像压抑着的哭泣……

从国铁车站换乘巴士后，大概二十分钟就到了郊区。这一带是在山脚，一排小商店和民居房屋的对面，就是我要去的老人医院——一幢白色的建筑物。

我在正门玄关处放好雨伞，准备推开透明的玻璃门，没想到门关得很紧。

玻璃门后面有点奇怪。我把脸凑近瞧了瞧，原来是一位老妇人的脸贴在了门上，直勾勾地看着我这边。

她满头白发，又短又乱。身上穿的起居服用一根绳子系着，前面还敞开了，嘴里嘀嘀咕咕说着些什么。另一位老妇人朝她这边走来，她的居家服外面套了件开襟毛衫，戴着顶毛线帽子，旁边还有一位身形瘦小的老妇人，头上的白发几乎掉了一半。

她们几个似乎想推开门，使劲地摇晃着玻璃。我听到里面发出哐当哐当的声音，但打不开，另一个人也过来试着推了推。透过这扇打不开的门，她们愣愣地望着我这边，不知道是在看陌生的来访者，还是在看雨点渐密的街道。我看到的，只有她们呆滞

老去之路，女性之路

的眼神。

我从后门走了进去。进去的一瞬间，一股恶臭扑鼻而来，是小便的味道。入口的走廊十分昏暗，老人们三五成群地一起，或者两两搀扶着，慢慢地、慢慢地在走廊里踱着步。有个人一只脚趿着拖鞋，另一只脚光着，她好像穿了纸尿裤，肚子鼓胀得吓人。

她一直走到走廊尽头，一下一下，又推又打那扇铁门。过了一会儿，又走了回来。

每个人穿的衣服后背上，都缝了块正方形的布，像号码牌一样。

但上面写的是："我是某某医院的患者。如果你看到了我，请联系以下地址……"

这群老妇人转过走廊右边，朝玄关走去。他们不停地推玻璃门，使劲摇，用力敲打。对着这扇打不开的门，他们相互间还嘀咕着什么，说个不停。我刚刚在玻璃门外看到的场景，就是这样。

护士告诉我："这些老太太一整天都这样慢悠悠地走来走去。得了痴呆的人，大多有徘徊症，只要有一点点机会就想往外跑。不知道为什么，她们就想去外面，还说想回自己出生的家乡，但那些地方早就不存在了……你说这些臭味吗？还不是因为她们不去上厕所，尤其是夜里，随处大小便，所以我们早上做清洁的人就遭殃了……"

有的人痴呆症状更严重，会撕房间榻榻米垫子的边角吃，或者拆掉塑料砖，敲得细碎，砸吧砸吧放进嘴里吃。

但最让看护人员费劲的是，有人甚至玩弄自己的排泄物，沾得到处都是，甚至放进嘴里。为了防止她们这么做，只能给她们戴上棒球手套，结果她们还是用牙齿咬开手套的缝合线，最后吃进肚子里……

芳田Yone生前也住在这家医院，在生命结束的八十二岁那年，她的病情发展到了极限，最后离开的情况非常惨烈，也非常凄凉。

漫长苦难的旅程

Yone身体状况恶化的那天，她的大儿子雄一郎和儿媳幸江收到通知后立即赶到了医院。那是个炎热得令人难以忍受的盛夏午后。

那段时间，Yone的病情已经是晚期了，连雄一郎的脸也认不出来，还把幸江当成了很久以前就离开人世的亲姐姐。

Yone喜欢扯床单的线头，扯出来的线放在嘴里团成一团，再整整齐齐地摆放在枕头边，嘴里念叨着："我在做针线活儿呢……"病号服的袖口不知道给她换了多少次，结果还是被她扯得破破烂烂。

吃的东西Yone也分不清楚。之前幸江给她带来了点心，结果一个没注意，Yone就把包在点心外面的塑料袋吞了下去，折腾半天。

Yone的腿和腰没什么大问题，但走到哪儿都拖拖拉拉地弄一身污秽物，还用手沾得到处都是。

"晚期就是这个样子，我们也知道。为了不让她夜里乱跑，只能把她的手脚固定在床上。每次来看她的时候都是很惨烈的样子，来的路上就在想不知道今天状态如何，每次一看到，心里特别难受……我先生每次从医院回家，都得去喝一杯，要不然，压抑的心情无处排解……"

从Yone身体恶化开始，幸江就时不时地在她耳边问："婆婆啊，现在难受吗？感觉怎么样？"但Yone不知为何却一直嘀咕着："都去死！都去死！"

"我也不明白是什么意思，可能是她预感到自己不行了吧。我听着像是在说，大家都去死，大家都去死……"

最终，儿子儿媳还是没能赶上送Yone的最后一程。他们赶到医院的时候，Yone已经躺在太平间里了，头发和平时一样乱糟糟的，嘴唇上涂了淡淡的口红。这张终于稍微流露出安详神情的脸，让幸江忍不住感慨，总算是结束了这漫长的、苦难的一生啊！

Yone的漫长人生之旅，到底经历了怎样的波澜？

一八九七年，Yone出生于东京街区的一家吴服店，是七姐弟里的第三个女孩。家里的服装生意是在祖父手里创立的，一度做得风生水起，还给家里的佣人分了铺号，开了很多分店。Yone和兄弟姐妹们从小生活在富足的环境里。

然而，昭和初期的金融恐慌[①]使股市一落千丈，吴服店倒闭了。

幸江说："我婆婆最大的那个姐姐，好像是叫Tami吧，当时自由恋爱找了个在证券公司上班的结婚对象，这种婚姻在那个年

---

① 指昭和金融危机，是一九二七年三月日本昭和天皇在位时发生的经济危机。日本经济从一战时的景气（大战景气）急转直下，一九二〇年陷入战后萧条，企业、银行产生呆账。中小银行受此不景气的影响，整体经营情况恶化，金融危机在日本社会广泛发生。

代还挺罕见的。听说是家里的股票都交给了这个人打理，结果一夜之间财产全部蒸发，倾家荡产。"

因为破产的打击，Yone最小的妹妹自杀了，一家人也和Tami夫妇断绝了往来。

"我记得刚嫁过来的时候，婆婆就反复对我说，绝对不能和Tami家的人来往，绝对不能碰股票。嘴上虽这么说，结果在她自己患痴呆后，竟把我当成了Tami姐姐，可能平时一直很想念她吧⋯⋯"

当时，Yone从东京府立女子高中考上了私立大学的法学部。一九一七年毕业后，嫁给了在市政府上班的兼市。虽说是父母安排的婚姻，但从一开始就暗暗埋下了后来不幸的伏笔。婚后第二年，Yone生下了长子雄一郎，紧接着生下了老二秀二郎，但很快就带着两个孩子离了婚，结束了仅维持三年的婚姻。

那时候，Yone的娘家还没破产，母子三人回到娘家后还分到了房子，只靠租金就能过得十分优渥，甚至雇了保姆在家。

兼市和母子三人分开后，时不时贿赂Yone家的保姆，让他带雄一郎和秀二郎出去玩，还给他们买巧克力吃。

雄一郎回忆说："爸爸说不能拿回去吃，要在这里吃完⋯⋯我就记得我们在路边一直吃巧克力。当时虽然还小，但心里多多少少明白，这个人很有父亲的样子。"渐渐地，两个孩子到了读中学的年龄，Yone又突然和兼市复婚了。

离婚后破镜重圆

幸江说,她身为儿媳妇,从来没有认真问过 Yone 当时为什么离婚,两个人分开十年各自生活后,为什么又重新走到一起。

"不过,我记得婆婆以前念叨过,说是在我先生还摇摇晃晃走路的年龄,当时我公公也是新手爸爸,他在我先生吃饭时总特别啰嗦,嘴里总是埋怨'看看,又漏出来了,搞得到处都是',从那之后索性让孩子在地上吃饭。听说我公公一直是个非常神经质的人。"

对父亲的印象,雄一郎一直记得儿时的一个细节。父母离婚后,父亲有时候瞒着 Yone 来见两个儿子,每次也会给他们买点东西。

"我到现在都记得那个场景,父亲每次从钱包里拿钱时,像是怕碰到细菌似的,只抓着纸币的一角,便迅速地抽出来。我那时候小,不理解他为什么这样,只觉得他有很奇怪的洁癖。"

Yone 还和幸江说过,当时和兼市结婚,一方面是因为兼市学历高,人踏实,是个不错的小伙子,另一方面,他是士族家庭出身。Yone 的父母被这些条件吸引了,便答应了对方的提亲。

Yone 听从了父母的安排,便稀里糊涂地和这位新郎官在一起了,婚后才发现他的性格如此神经质,而 Yone 又是从小被惯着长大的,要强又任性,两个人在一起简直是相互折磨。

离婚后,Yone 的要强性格更加暴露出来。

雄一郎回忆说:"我从上小学开始,接受的就是所谓的精英教育，和现在说的'斯巴达'教育差不多……连我父亲和周围的人都看不下去，甚至说'没见过这样的妈'。"Yone对两个儿子的学习丝毫不放松，"考试必须拿满分"、"要考出好成绩、考上好学校"之类的言语不绝于耳。她会陪着儿子一起去小学教室里旁听课程，回到家也一直坐在孩子旁边督促着复习、预习功课。

"回过头看，我妈就是现在的'鸡娃'家长，甚至有过之而无不及，全部精力都放在了孩子身上，哪还有夫妻生活啊，只是一心一意想把孩子培养出来，不能输给家里亲戚的孩子……无论什么事情，我妈都帮我们安排好，反正只要按照她的指示去做就不会出错，这在无形之中也影响了我们的独立性。我觉得我现在这种对什么都不积极争取的性格，也和她的教育有关……"

雄一郎说母子生活发生大转变，是从Yone娘家破产开始的。

破产导致作为母子三人收入来源的租金没有了，请得起保姆的优渥生活也到了尽头。幸江说，Yone决定重新和兼市在一起，并不是重修于好，不过是想跨过当时的那个困难时期。

昭和初期，整个日本社会到处都是经济不景气的样子，人们的生活相当艰辛，但军队规模却还在不断扩大，军靴的踢踏声听起来就像地震时的震动。一家四口靠着兼市在市政府的微薄收入勉强度日，夫妻关系依然没有好转，好在孩子们总算如愿读完了大学，哥哥进了电器公司上班，弟弟则进了造纸公司上班。

眼看着生活好不容易有了一点起色，结果那时候的日本深陷侵略战争的泥潭，战事不断扩大，哥哥被派去了中国战场，弟弟则去了东南亚战场。

一九四三年，日本愈显战败颓势。联合国军队一路北上，猛烈的炮火不断轰炸着驻扎在东南亚各个岛屿上的守备军，直逼日本本土，士兵们接连战死。那一年的十一月一日，美军登陆所罗门群岛北部的布干维尔岛①，这里也是日军的重要战略据点。在翌年三月美军的第二次进攻战斗里，日军遭受了毁灭性打击。

秀二郎，就处在这场战争旋涡里。

用窗帘隔开的"分居"

布干维尔岛雨量充沛，热带丛林郁郁葱葱。滨崎积三是当时战争的幸存者之一，现在是日本所罗门会事务局局长。他告诉我，迎战美军登陆的日本部队，是日本陆军最精锐的师团，但在一九四四年春天，日本战败几乎已成定局，活着的士兵们在精神上和肉体上都受到了强烈打击，一个个像是梦游患者。

"没有一点吃的东西，大家只要看到活物，眼睛会直接放光。熊、蜈蚣、青虫、蚯蚓、蛇……什么都吃，实在太饿了，真是饥饿的地狱啊！大家都把瓜达尔卡纳尔岛②叫'饿岛'，当时的布干维尔岛简直就是'墓地之岛'。"

六万战死者里，活活饿死的就有三万五千人。秀二郎也死在了这个地狱里。

另一边，雄一郎从中国战场复员回家，回到之前的电器公司

---

① 布干维尔岛战役是太平洋战争期间美军在南太平洋反攻中的主要岛屿进攻战役之一。
② 所罗门群岛中最大的一个岛。一九四二至一九四三年间展开的瓜达尔卡纳尔岛战役是继中途岛海战之后，日本在太平洋战场的又一次巨大失败，也是日本从战略优势走向劣势的转折点。

上班，后来在公司里遇到了幸江。

"我们也可以说是自由恋爱吧。其实我本来挺排斥嫁给长子，还有独生子，但我先生在结婚前说'我不会和父母住在一起'，因为他这么说，我才想着，嫁给他也行。"

新婚生活以不和公婆住在一起为前提开始了，但仅仅维持了七个月。日本战败后的穷困时期，兼市和Yone的日子相当难熬，于是便趁着新婚夫妇搬入公司宿舍的机会，一家人住到了一个屋檐下。

和公婆同住后，幸江才明白了先生在婚前说的那句"我不会和父母住在一起"的真正含义。

曾经离过婚的兼市和Yone之间的关系，比听说的还要差。Yone在六张榻榻米大小的房间正中间挂起一面帘子，和兼市过着井水不犯河水的生活。夜里分开睡觉不说，Yone吃饭不仅不和幸江他们一起，和兼市也是各吃各的。

做饭这事儿，幸江刚开始想着自己是嫁过来的儿媳妇，肯定要把公婆的伙食一起做了，毕竟他们年龄也大了，但Yone总说"不合口味"，还把幸江做的饭全部倒回锅里，重新开火倒入调料再做一遍。时间久了，幸江慢慢地也和公婆分开做饭吃饭了。

兼市和Yone之所以分开吃饭，是有难言之隐的。兼市年轻的时候就神经敏感，有极度洁癖，上了年纪后更是夸张。

盛到饭桶里的米饭，他说弄脏了，便一口不吃。每天早上，他自己从电饭煲的正中间舀出米饭，装入便当盒，再用开水把碗筷消一遍毒，把便当盒的米饭倒进碗里，这样才能吃。这个习惯已经维持很多年了。配菜是雷打不动的玉子烧和菠菜煮豆腐，然后在米饭上浇一点酱油,开吃。寿司呢,他嫌弃是用手做的,不干净。寿喜锅呢,他说大家的筷子头在一个锅里搅来搅去太脏了,全都不吃。生鱼片这类生食,也一概不吃。

渐渐地,兼市只能一个人孤零零地吃饭,看着也挺可怜。Yone 对这个有点神经质的丈夫不仅没有一点同情,反而时不时地发脾气。

"你连一只木屐、一根线都没有给我买过!"

Yone 一边骂,一边把水壶和饭碗朝他砸去。兼市被如此对待也不出声,默默地把洒在榻榻米上的热水擦干净。

为什么 Yone 这么恨自己丈夫呢?幸江也看不透 Yone 心里的想法,但这位强势的婆婆也有让人敬佩的一面。幸江说了一件事情,有关秀二郎的忌日。

"秀二郎战死的日子是一九四四年五月十五日,听说是饿死的。所以每个月的十五日,婆婆就摆上儿子生前最爱的寿司,点上烟,插在上面……后来她痴呆了,有一天突然说起:'秀二郎今天没来啊?怎么回事啊?是不是出了交通事故?'之后也反反复复念叨着。我说'秀二郎已经战死了',她一下子就倒下去了……"

带着关系不好的父母赴任

兼市日益严重的洁癖,越来越让 Yone 震惊。

兼市绝不会光脚在员工宿舍的走廊上走路,他自己准备了一块专用抹布,从房间到走廊这段路,他先把拖鞋敲得砰砰响,抖掉鞋底的灰，再穿着拖鞋踩在抹布上，像擦地板一样一点点往前移动。

他上厕所也是大场面。无论多冷的天，他都把身上的衣服全脱在厕所外面，只穿一条底裤进去，还要用剪成小块的报纸包住门把手。

从外面回到家，他会拿出提前用"日光消毒"（晒）过的鸡毛掸子，仔仔细细从肩膀扫到脚底，再把鞋洗干净，才进玄关。

"婆婆经常说我公公，从他说'我回来了'到真正进门在房间里坐下来的这段时间都可以从淘米开始到做好米饭了。"幸江这么告诉我。

可能在别人看起来很滑稽，但这些举动让兼市本人也痛苦不堪。我咨询了精神科方面的专家，他们说洁癖到让人恐惧的举止，是强迫性神经质的典型症状。

"病人自己虽然也知道'不用想着有多么不干净'，但表现出来的行为恰好相反，因为他被强迫症意识控制着，怎么看都觉得不干净，才会重复这种奇怪的行为，用专业术语来说，这种病症叫'强迫行为'。"

比如，有人介意手上的细菌，每隔两三个小时就要去洗手，直到把手洗得脱了皮，甚至出了血；有人出门后总担心自己没有锁好门或者关好煤气，跑回去确认一百次，甚至两百次；还有人看到任何东西一定要数数字，否则就会坐立难安……总之，强迫症的症状千奇百怪。

"一般来说，对某种物质的执念很强、爱操心、较真，而且特别想活得健康长寿的人，大多在婴幼儿时期就受到了父母过于严厉的管教，结果养成了更为娇气的性格。他们和精神病患者不同，本人也明白自己做的事情挺傻的，自己也很痛苦。"

兼市是士族家庭的三公子，出身不算差，怎么就让自己背上了这样让人无奈的包袱呢？

当我把兼市在走廊里走路的模样当玩笑说给专家听时，他一下子想到了明治时代的文豪——泉镜花①。这位大作家的作品以描绘优美华丽的幻想世界而广为人知，但据说他一辈子都生活在对不洁净的恐惧当中，特别苦恼。

他听说海虾在海底会啄食死人尸体后，就再也不吃海虾了；点心没有在酒精灯上热一下的话，也一口不吃；上楼梯的时候会准备三种不同的抹布，分别擦拭下层、中层和上层台阶，不按照这个步骤操作就不上二楼……

仅听一听这种趣闻，就能想象到他日常生活里无休止的不安和恐惧感了。所以也有人说，可能这一点和他在《夜叉池》②里展现的魔性美学有一定关联。

如果潜藏在人内心深处的孤独能升华为艺术家的美学意识，那也能给后世留下艺术作品，但兼市的情况只是随着年龄增加而不断恶化罢了。

"二儿子战死后，家里就只剩下我先生一个独子，加上老两口的关系一直很差，和亲戚也不怎么来往，最后变成了我们去哪里都得带着他们。"

---

① 泉镜花（一八七三至一九三九），活跃于明治后期至昭和初期的日本小说家，出生于日本石川县金泽市。代表作品有《夜行巡查》《外科室》等，他相信永恒的、纯洁的爱，开创了日本的"观念文学"。
② 泉镜花的代表作之一。该作品巧妙地运用钟声的意象，交错描写凡间和异界的情景，构成双重结构，曾被能剧表演艺术家多次搬上舞台。

如幸江所说，雄一郎被调去名古屋、仙台等地方工作的时候，兼市和Yone夫妇都跟着一起去。一九六四年是东京奥运会那一年，雄一郎也在这一年回到了东京，升为公司本部课长。这次住的公司宿舍比之前大，房间也多，幸江一搬进去，就把走廊区隔开，给公婆分别提供了空间。

"哪怕每个人的房间小一点，这样处理两人至少不容易起冲突，就算婆婆有什么看不顺眼的地方，最多也就是'哐当'关一下推拉门，或者气呼呼地走过去……"

迷失在痴呆的黑暗中

"我们家买第一台电视机是在一九五九年，也是皇太子夫妇结婚那一年，但考虑到家里的老两口，我们就想多买一台，刚好调回东京的时候拿到了一笔差旅费，我们就买了新的，把旧的让给了爸妈。"

幸江说的调回东京那年，电视画面上连续多天直播着奥运会的盛况，好不热闹。婆婆Yone一拿到旧电视机，径直搬到了自己那六张榻榻米大小的屋里，一个人霸占着看。

"公公虽然什么也没说，让着她，但其实也想看电视。他试着跟婆婆求情，说能不能让他看一下……婆婆就把走廊中间的推拉门拉开一条缝，让公公坐在自己四张半榻榻米大小的房间里，隔着走廊能看到一点点画面。但电视机放在了房间最里面，根本看不清楚，婆婆绝不会说让公公进去看这样的话。"

奥运会在十月份，天气还不算冷，后面进入了冬天，兼市每次想拉开一点门缝，Yone就朝他吼："开那么大，要冻死我啊！"没有一点人情味。

幸江一直无法理解Yone为什么对自己的丈夫如此冷酷无情。Yone每次不顺心都会莫名唱起歌来，她的嗓门本来就大，歌声就更刺耳了，还跑调，但她毫不介意。

每次唱的歌也是固定的，不是唱"这里是遥远的中国东北，离家有几百公里"，就是唱"乌鸦为何鸣叫，因为乌鸦在山里有七个可爱的孩子"。

"有时候她生气了，朝公公扔完茶壶，也会开始唱起来。这到底是一种什么心理呢？也许是想到日本战败了，自己心爱的儿子在战场上死了……什么都没了希望，很绝望的一瞬间吧……"

有一天，兼市突然身体不舒服病倒了。幸江赶紧让他躺在床上，又叫了医生，但Yone只是冷冷地说了句"不用管他"，一点也不关心的样子。

"我跟她说，万一病情恶化了，公公家里的亲戚埋怨'连医生都没叫'，我们该怎么办。她这才明白过来……"

兼市那时候的身体已经非常虚弱了，没有一点精神，什么都吃不下。Yone依然不闻不问，也没想着让他多吃点东西。过了两三天，兼市的被子里流出了液体，Yone就戴着塑料手套粗暴地帮兼市脱了脏衣服，又把尿壶往他两腿中间一放，之后什么也不管。

"夜里，公公大声叫我婆婆，她也不会起来看看。没办法，我只好去拜托她，她才勉强起身，走到公公床边看一看。我还听到她说'从没见过死相这么难看的佛祖'。后来，医生来家里看公公的病情时,她竟还在床边问:'还能活多久?'病人那时候还有意识呢……"

直到生命的最后一刻,兼市也没能逃脱Yone的冷酷。病倒一周后,兼市虚弱地断了气,终年七十六岁,算是老死。

幸江说,除去离婚的十年,这对夫妻也算是相互陪伴了四十年时间,但在丈夫的葬礼上,Yone一滴眼泪都没掉,非常平静。兼市去世后,Yone依然和之前一样,自己做自己的饭,自己一个人吃,不和儿子儿媳一起。

"后来慢慢发现,她做完饭会忘了关煤气,锅还留在煤气灶上,或者只把锅拿走,煤气开着,有时候用完水又忘记关水龙头,水哗哗地流,反正有一些奇怪的举动开始出现。"

不知道是不是Yone的耳朵越来越背,她就是听不到煤气和水龙头的声音,每次都是幸江从外面回来,听到了声音,才慌慌张张去关掉。这种情况后来越发频繁,幸江提醒了她之后,Yone自己写了张纸条——"注意关煤气",贴在了灶台前面。

但那时候,别说Yone自己了,连幸江也完全没意识到这些细微的异常举动就是老年痴呆的早期症状。和兼市结束了人生中冷漠又紧张的时期,Yone开始迷失在更昏暗的人生旅途里。

淡定地只穿着和服衬衣、贴身裙

Yone娘家的服装生意早在昭和初期就破产了,如今荡然无存,但她还是很为自己的出身骄傲,总在儿媳幸江面前摆出一副居高临下的姿态,炫耀那些陈年往事。战争时期,他们家的

老去之路，女性之路

宝贝——父母传给她的高价带扣①，她后半生一直小心地保留着，时不时拿出来怀念一番。

"她总是若无其事地说'我啊，和你们出生的环境不一样'，说得特别自然。不过就算说给我听，我也无所谓，因为她说的也是事实，我从小可不像婆婆那样，还有保姆照顾着长大呢……"

幸江出生在东京街区的一个普通家庭，家里经营一家小小的铁工厂，她是两姐妹里的长女。说是铁工厂，不过是她父亲在自己家里配置了一台车床，顶多算是家庭作坊，父亲从早到晚满身油污地工作着。经济情况好的时候，总是收不回款，等经济不好的时候，又总是最先被上游工厂削减加工费——幸江就是在这种典型的庶民家庭中长大，谈不上有什么身份地位。

"家里很穷，小时候爸妈也总是吵架。到了叛逆期，开始看不惯他们，还和妹妹聊过'你觉得他们两个人谁更坏'这种话……我结婚后，父亲得了脑血栓，一下子病倒了，在家里瘫痪了四年半后去世。快不行的时候，他对我母亲说了句'嫁给我真是辛苦你了'，算是感谢母亲吧……"

也许是成长在普通街区的原因，幸江的性格开朗活泼，所以对一贯强势的Yone那些直言不讳的言语，也并不放在心上。反倒是公公去世后，她格外留意Yone反常的举动，时间长了有点神经疲惫。那段时间，刚好碰上家里两个孩子升学的关键时期，一个初中升高中，一个高中考大学，加上幸江自己又做了个妇科手术，真的是身心俱疲。

---

① 指和服腰带上的别针。

有天早上，幸江被 Yone 的奇怪穿着吓了一跳。Yone 脱掉居家服，换上了和服，但胳膊被袖口绊住了。

"和服的袖口下面，一般都会多出来十五厘米左右嘛，也叫'身八口'①。婆婆把胳膊伸进去，袖口下面空荡荡地耷拉着。这还只是开头，过了会儿，她穿着和服里的衬衣就走出来了，淡然地在屋里走来走去。旧时代的人会在贴身裙的臀部附近缝一块手帕大小的布，过去也叫'居敷当'，她就把贴身裙给反过来裹在身上。在过去，拔衣纹②是很时髦的穿法呢。"

没过多久，她又换回了居家服，在衣服外面套一件贴身内衣，再套一件和服，里里外外穿了好几层，也不系和服腰带，缠了五六条绳子啊细带子之类的，穿得乱七八糟，看着很奇怪，还急匆匆地要出门。

刚开始有痴呆症状的老年人，不知道为什么总是很想出门到外面走一走。其实也没有什么事情要办，就是想出去，结果就找不到回家的路了。

他们不记得家人的名字，不记得自己住的地方，但对出生老家的街道名字倒是有印象，还有人凭着记忆中乡下小城的名字，在大城市的路上一边打听一边往那儿走，可哪里会有人知道这些地方呢？而且，他们只会沿着直线横冲直撞，如果是农村的田地或水田还好，但在城市里就会撞到人，连在车水马龙的行车道也不看红绿灯，只顾闷头往前走，少不了被司机们骂……

---

① 一般的和服，其腋下都有所谓的身八口，浴衣也有身八口，因此里面不能光溜溜的什么都不穿，否则两边会很暴露。
② 和服的一种穿法，即把和服的后领（日语是"衣纹"）往下扯，露出后颈部。

专家们把这类现象称为"徘徊症",这也是令痴呆患者的家属们最为头疼的事情。

"后来有人打电话来问,这是不是您家奶奶?我们赶紧跑过去看,结果发现婆婆的和服完全敞开了,样子实在不堪入目,脚上什么也没穿……"

幸江被Yone的这副模样吓坏了,惊得一句话也说不出来。

纠结后送到老人医院

Yone的反常举动一年比一年严重,比如,在信封的收件人那里写自己的名字,邮票贴在信封背面就打算寄出去;要把电热水壶放在煤气上烧,还不依不饶。

因为她常常忘记关煤气,幸江就劝她不要用煤气了,本来是她自己做的一人份一日三餐,后来也是幸江给她单独做好后送到房间里。不过,她还是用火盆把饭重新煮一遍再吃。

"正月的时候,我把三天分量的御节料理①一份份分好,装在多层方盒里拿给她,结果她除夕的晚上就把所有食物倒入一个盆里,什么金团②啊、红白脍③啊,一股脑儿拌在一起,煮得咕嘟咕嘟。这么一锅味道奇怪的东西,她一会儿就给全吃完了。"

其实那时候,Yone的味觉已经混乱了,而且刚吃完饭转眼就

---

① 指日本新年时供奉年神的料理和为家族幸福祈愿的料理,也即"正月料理"。
② 一种点心,是在糖煮栗子、豆子外面裹上白薯泥、豆泥的食品。
③ 即醋拌白萝卜丝和红萝卜丝,是日本正月料理的一款经典菜。

忘。幸江把饭端给她不到一小时，她就开始问："饭呢？还没做好吗？"然后就开始在家里翻找吃的，找到后则在角落里吃起来。

"装在保温盒里的饭，她伸手进去抓，大口大口吃起来，冰箱里的东西，无论什么都往嘴里放，吃完连门也不关就走了。吃东西的时候还总是一个人嘴里嘟囔着，怪里怪气的……"

随着痴呆程度加重，有的患者会变成夜行动物，白天睡觉，晚上醒着。Yone 也渐渐变成了这样，这让幸江十分辛苦。

婆婆一直讨厌用电取暖器，从来不用，幸江就给她准备了火盆和被炉，烧炭火取暖。但当她开始在夜里不睡觉后，时间一长，夜里的炭火就不够烧了。结果，Yone 干了些吓死人的事情。

"半夜三点多吧，我们睡觉的二楼变得浓烟滚滚，我猛地惊醒过来，飞奔下去一瞧，婆婆正在火盆里烧火呢。她自己从小仓库搬来煤炭，火盆里的纸巾啊，木筷子啊，堆得像小山一样高，火烧得正旺。"

在这次骚乱后，她有次又把被炉给翻过来了，等幸江发现时，两床被子都烧没了，榻榻米也跟着起了火。她还把火苗没完全灭的炭火扔进了塑料垃圾桶，搞得家里乌烟瘴气，本人还一脸无所谓。

Yone 有一次在走廊上摔了一跤，之后就尿失禁了。

"她直接坐在地上，让小便流出来，之后不管是白天还是夜里，随地就解决……早上的话，我先生还能帮忙一起给她换上纸尿裤，但先生出门上班后，我刚准备喘一口气，她就又把纸尿裤给扯下来了，在榻榻米上小便。我正收拾着呢，她又趁我一个不注意跑到了外面，迷了路……晚上我要用洗衣机洗好几桶，才能

老去之路，女性之路

把一天堆积如山的脏衣服洗完，第二天又是重复一样的事情……这种日子我都要过错乱了，完全不记得今天是星期几……婆婆身体还算硬朗，继续这样下去，我都担心自己会被她杀死……"

幸江的身体本来就弱，做过两次大手术，在医院住过很长一段时间，体力很差，体重一度从五十三公斤掉到三十七公斤。她的先生退休后被同一个集团的分公司返聘，还是和以前一样每天去上班。她的儿子考上的大学离家远，住了校。照顾Yone的重担，全落在了体弱多病的幸江一个人肩上。

"刚好我也遇上了更年期，心理状态完全崩溃，真的是认真想过要不把婆婆杀死后再自杀好了，或者我一个人在富士山脚下的树海[①]自杀好了。在报纸上读到老年人死亡的新闻时，说实话，我真是发自内心地羡慕人家……"

纠结来纠结去，雄一郎和幸江夫妇最终还是把可怜的Yone送到了老人医院，他们好多次下定决心后又打消念头，经反复思量后才这么决定。那天早上，幸江特别难过，想着Yone是不是再也不会回到这个家里了……有种"姨舍山弃老"[②]的感觉。

Yone最后也是在医院离世的。

[①] 指青木原树海。青木原树海因两个原因在日本出名：一是从那可以看到富士山美景；二是到树海自杀的人很多，也被称为自杀森林。
[②] 指古代日本因贫穷而形成的一种遗弃老人的陋习。其中最出名的弃老地点是姨舍山，也叫"弃母山"，位于长野县。

暮色一点点笼罩了一切

"在婆婆的意识还清醒的时候，我们邀请她一起去旅游，她说什么'我啊，以前都是坐一等座出门'，连站都不愿意站起来。结果呢，我们也不可能把她一个人丢在家里不管，只能让我先生和儿子出门去玩。所以到现在，我连新干线都没坐过，更别说飞机了。"幸江这么告诉我。

她还说，把Yone安置在老人医院后，他们每周去看望一次，每次往返要三个小时，会带着在家里做好的伙食喂给她吃。这种生活一直持续到Yone去世。为了应对医院随时发来的紧急通知，雄一郎和幸江不敢出门旅游，连去商场购物都是速战速决。

"从婚后七个月开始和公婆住在一起，一直到婆婆在医院病逝，我整个人生基本都在照顾老人了，中间还有孩子们的升学、找工作等让人操心的人生大事。婆婆刚一走，马上又是女儿的婚事……真的是一心一意往前冲，猛然反应过来回头一看，三十年一晃而过，自己也成了欧巴桑。"

雄一郎退休后，夫妇俩新买了一套房子。房子在一片新开发的住宅区，搭乘国电和私铁去市中心要一个半小时。我去那里采访幸江的时候，雄一郎刚好从外面回来。

"我父母这一辈子真的是相互仇视啊。人生苦短，为什么他们一定要过成这样了呢？我想不通，也为此苦恼。小时候我总觉得被父亲抛弃了，恨过他，也跟母亲更亲近，但后来长大成人才发现，其实父亲也是被抛弃的人，母亲一直让他生活得很痛苦。

社会上有很多女性爱攀比，总对丈夫说什么'你工资怎么这么低，你为什么出不了头'之类的话，最后反而毁了丈夫。我觉得我母亲也是这种人。当然我父亲也有他的问题，古板了一辈子，太较真，不会妥协，我只能说他俩真的是八字不合，不般配吧……"

即便雄一郎因为父母的关系吃了很多苦头，在送走了他们后，随着岁月流逝，他的语气里还是流露出对父母的思念。

"虽说那时候是战争年代没办法，但从父母的角度来看，自己的宝贝儿子在'万岁万岁'的欢呼声中被送到了战场，总希望他们能早点回家，只要能活着，哪怕生了病也行。我想尽一切办法争取活着回到日本，但没想到弟弟战死了，只有我回来了。回来的时候，我已经过了三十岁，但在父母眼里，我还是个孩子。说到底，父母和孩子之间的感情就是这么复杂，大概只有亲子关系才会这样吧。所以我也能理解父母对我的过度依赖，好像这样他们才能活下去……我就这么夹在父母和老婆中间，虽说更偏向老婆一点，但我也有我的痛苦。"

幸江说，先生从来没有对她和孩子大声说过话，但经常怒气冲冲地对婆婆大声呵斥。

"我一直觉得他是很老实的人，看到他暴怒的时候，我才会想到，果然是从战场上回来的人啊……因为他也在无意中嘀咕过，说自己在中国的时候，为服从命令，不得不用刺刀刺死过绑在树上的战俘……以后的生活要怎么办，他还没说过。"

雄一郎退休返聘的工作，还有两个月马上也结束了，之后就要开始真正的退休生活了。

"他六十五岁退休的当天，刚好也是儿子结婚典礼的日子。

太巧了，感觉就像是人生的一道分水岭，划分了不同阶段……"

我看到幸江的脸上泛起了一丝明亮的神情。

"到了那时候，最想做什么呀？比如海外旅行什么的……"

当我问起这种再寻常不过的事情时，幸江并没那么期待，只是淡淡地说：

"嗯。我身体也不是很好……也没想过要挽回一下这三十年什么的。我最近一直在想啊，比起其他事情，我只希望自己老了不要成为孩子们的负担……"

窗外的晚霞渐渐染上了淡墨色，一点点笼罩着大地上的一切，这对身处暮色之中的夫妇，送走了老人，又迎来了自己的晚年，脸上终于展露出一丝安心。

— 没有尽头 —

一个屋檐下有两个痴呆老妇人……

一位博士从精神医学的角度对老年痴呆进行了深入研究，他在讲义里是这么说的：

"痴呆会大范围而且高度损坏大脑，使大脑进入一种接近临终的状态。如果发现得早，有一半的概率可以提早预防或者进行有效治疗。而一旦大脑受到损害就很难恢复到以前了，如果任其发展下去，能治的也治不好了。很多人都想着，年龄大了有点痴呆很正常吧，所以看了医生也不治疗，这样就很危险。"

在走访了很多照顾痴呆老人的家庭后，我发现痴呆的症状和群体真的多种多样，既有超高龄老人，也有不到六十岁的中年妇女。于是，我打算拜访一下这位博士，从零开始了解老年痴呆。博士的研究室在东京都港区的一栋建筑里。

说起来，痴呆究竟是如何发生的？据说在日本，脑血管阻塞是引起痴呆最多的病因。

"过半的痴呆都是因为这个原因引发的。人的脑部有几千亿个神经细胞，血液供养着这些细胞，而负责运输血液的正是血管。一旦脑血管出现问题，脑部功能就会受到影响。发生了脑中风后,包括脑出血或者血管堵塞造成的脑梗等,血液无法输送到神经末端,容易发生脑死亡,或者造成脑部营养不足。脑中风其实不仅仅指那种很严重的情况,比如,人完全不清醒了,也包括脑内各种微小的多处中风,这种痴呆往往很难被自己和身边的人发现。"

排在脑血管阻塞之后的痴呆病因,据说是脑部病变引起的脑萎缩。这种情况是怎么发生的,至今在现代医学上也没能完全查明。是和耳朵背、骨质疏松一样的衰老现象,还是脑部的特殊疾病,目前并没有明确结论,但一般认为是脑部疾病。

此外,还有其他一些情况,比如,因醉酒引起的酒精性痴呆,或者因脑脊液路径不畅、压迫大脑引起的脑脊液循环障碍,以及缺乏维他命导致甲状腺机能低下而引发痴呆……

由各种原因引起的痴呆,到底有多大的发病率呢?

"在日本,六十五岁以上的老人里,老年痴呆发病率大概是5%,所以能推测出目前国内有五十万的痴呆患者。当然这个是平均数值,按年龄段推算的话,肯定是年龄越大,痴呆的发病率越高。八十岁以上的老人,发病率有20%;八十五岁以上会达到25%,也就是说,每四个人里就有一个痴呆老人。日本是全世界出名的长寿之国,平均寿命马上要超过八十岁[1],所以这个问题非常严峻……据我推算,在这五十万患者里,家里没有办法提供护理的痴呆老人有十万;送到精神病院和养老院的有五万,这两个地方各占一半左右。"

---

[1] 本书成稿于一九八二年,当时日本的平均寿命约为76.92岁,目前日本的平均寿命,女性为87.45岁,男性为81.41岁。

博士告诉我，还有五万留在家里的痴呆老人，让每个家庭都十分苦恼，但基本上是主妇们承担了这个职责。

了解到八十岁以上老年人的痴呆发病率是20%后，可以推算出每五个老人里就有一个患者。然而，我接下来走访的一户位于埼玉县的家庭，竟然有两位痴呆老妇人。

从国电车站搭乘出租车大概十五分钟后，我抵达了东京的一个卫星城，也可以说是典型的"睡城"。

宽阔笔直的马路两边，是一栋栋整整齐齐的高层住宅，有大型地产公司开发的商业小区，也有公司集资造的小区，好不壮观。

一幢看起来普普通通的二层一户建筑，就在街角。我路过的时候，朝六张榻榻米大小的房间里瞥了一眼，看到一位满头茂密白发的小个子老奶奶，正急吼吼地在衣柜的抽屉里扒拉着什么。

她脚边还有一位老奶奶躺在被子里睡觉，也是一头白发，但面容稍微柔和些。

"呐……呐……呐……呀啦……"

躺着的老奶奶动了动嘴唇，她的牙齿全掉了，但还在自言自语着什么。

捡垃圾放进衣柜里

衣柜前面的老妇人在做什么呢？我看她穿了件淡茶色连衣裙，也不知道她有没有注意到我这边，反正一副没看到的样子，自顾自地继续用手扒拉着什么。

衣柜的抽屉里掉出来各种杂物，她把这些东西小心翼翼地在榻榻米上排列整齐，摆完又放回抽屉里。结束后再拉开另一个抽屉，从里面拿出碎布头，叠好又打开，再叠好放回抽屉里。

她要重复到什么时候呢？旁人看着干着急，觉得这没有意义，但她本人倒是挺认真，像是有什么目标要完成一样。

过了一会儿，她似乎终于完成了一项大工程，一屁股坐在旁边老妇人的枕头边上。被子里的老妇人从刚才开始就半睁着眼睛，小声嘀咕着什么。这会儿两个人聊起来，像是硬生生打破了一个人的自言自语。

"……你怎么样啦……那……然后呢……"

"……什么……呀……这样啊……啊，你不知道啦……"

两个人的声音太小了，我听得不是很清楚，只见她们慢悠悠地聊着。

家里的主妇里村美喜子告诉我："她们一直这样，你听着以为是两个人在聊天，但其实说的话驴唇不对马嘴，没什么内容，不过是各说各话。不过，她俩还说得有模有样，旁边的人看起来就觉得很奇怪……"美喜子照顾着两位老妇人。

翻弄衣柜的老妇人是美喜子先生的母亲，名叫Hana，今年八十二岁。她每天都从早到晚整理着衣柜的抽屉。在被子里睡觉的老妇人是Hana的姐姐，名叫Sumi，今年八十四岁。三年前Sumi失明了，腿脚和腰也不行了，渐渐卧床不起。她一整天都可以一个人自言自语，好像面前有人在和她聊天似的。这两位老人都陷入了痴呆状态。

最先出现痴呆症状的是年龄稍小的Hana。她是某宗教社团的信徒，每个月都去参加一次市中心举办的集会，这也是她的生活

老去之路，女性之路

乐趣之一。但五年前有一次，她在非常熟悉的路上走丢了，走到了完全相反的方向，直到路人打来电话，家人才找到她。从那以后，她连在家附近散步也会迷路，好多次都是邻居把她送回来的。

"她只记得自己老公的名字，也能说出来，所以大家只能在电话登记簿上拼命找，或者送到派出所……后来她成了这一带特别出名的老太太。我们当时还完全没想到这是痴呆，但有几次，她在衣服外面套着和服的短外罩就出了门，那个时候我们才反应过来，这不就是痴呆嘛……"

无论美喜子对她说多少次，Hana一到傍晚还是会找机会溜出门。更让人头疼的是，她总在路边捡空果汁罐、冰淇淋的空盒子，还有吃完的便当盒什么的，把脏兮兮的东西装满一个塑料袋拿回家，再整整齐齐地放到衣柜里，收集起来。

姨妈Sumi刚发病的时候，总是反反复复问孙子的年龄，健忘症也一点点加重，但还没出现其他特别反常的现象。不过，三年前Hana的脚骨折了，住了一个月医院，那时候她的痴呆就慢慢变严重了，结果姨妈的痴呆也跟着很快严重起来。

Hana出院后，Sumi每天下午都会念叨"我等下就回大阪的家了"，说着就要收拾行李出门。后来她还站着上厕所，身体不行了，连十米的路都走不了，还想爬着往前走。

美喜子发现她想跑出去，便赶紧追上去拉她进门，她就蹲在玄关那里，大声哭喊："有没有人啊！我被妈妈欺负了！要被她杀死了……"

"邻居都听得到，我觉得好丢人，特别没面子，那段时间真的太难捱了。我被两个老人弄得团团转……"

生母和养母

姨妈Sumi为什么每天都要出去呢?

"姨妈啊,求求你了,等爸爸回来了再说好不好?"美喜子试图阻止,但她并不理会,好像下定了决心一般,还对美喜子恭敬地低头说一句"多谢你的关照",说完又要出门。有时候就算把她的鞋藏起来,她也要光着脚出去。

"她手里一定要拿一张一千日元的纸币,说要用这笔钱坐新干线回大阪。大阪是她老家……后来她眼睛渐渐看不到东西了,才没闹着要出门……"

可能是因为看不见的恐惧感,每到夜里,等家人都熟睡了之后,卧床不起的Sumi就会大声叫唤二楼的美喜子夫妇俩。

"我们下楼看她,她就会说有人站在房间里。我们安慰她说没有人啦,安心睡吧,她才安静下来。可没过两三分钟,她又开始大声叫唤我们。一整晚都是这样反反复复。她倒是可以在大白天睡得很香,可我们不行啊,睡眠严重不足,被搞得很疲惫。"

后来,婆婆Hana在家里摔了一跤,脚骨折了动不了,再后来就是尿失禁。躺在床上休养的时候还好,美喜子可以只护理下半身,等她能站起来走动后,搞得家里到处都是大小便,客厅、浴室、厨房……美喜子苦不堪言。

"说点有些恶心的话啊,婆婆其实也想收拾自己的污秽物,但她不过就是把大便拉在盆里堆起来,再用纸盖一下。刚好有一次,我从外面买东西回来,闻到一阵恶臭。然后我就看到睡在床上的姨妈把自己的大便从被子里拿出来,递给婆婆,婆婆再装到塑料袋里。我气得大吼一声:'你们在干吗!'她支支吾吾地说:'没干什么啊,就是这样递过来再装到袋子里……'真让人气不打一处来,太难为情了……"

现在城市里已经有专门供瘫痪老人洗澡的设施了,两位老人如今也都在那里洗,但在当时,美喜子每次给她们洗澡都是一场恶战。

帮老人洗澡是个重体力活儿。随着痴呆程度加剧,患者连一些很日常的生活动作都不记得,婆婆后来连换衣服、洗脸这些事情也不会自己做,每个动作都需要美喜子帮她一把,不给出指示就不动。洗澡的时候,她全身赤裸,也需要有人在旁边一直搀扶着。姨妈呢,美喜子会拜托先生先把她抱到浴盆里。等把两个人都洗得干干净净地出来,美喜子已经累得筋疲力尽,连话都不想说了。

照顾婆婆一个人都已经很不容易了,为什么连姨妈也要一起照顾呢?问了美喜子才知道,这里面有着不为人知的原因。

婆婆 Hana 生下美喜子的先生文武没多久,公公就生病去世了,她不得不外出工作养家。而姐姐 Sumi 的腿脚不好,一直没结婚,于是 Hana 就拜托姐姐在自己出去工作的时候,在家照顾文武。

从那以后 Hana 没有停止过工作,在包住宿的料理店做过服务员,也在别人家做过保姆。

"站在我先生的角度,究竟谁才是他的母亲呢?在感情上,他说不定和姨妈更亲近一些。我结婚后,婆婆也一直在外面工作,没有和我们住在一起,姨妈反而从一开始就和我们住在一起了。所以我也一直觉得自己有两个婆婆……"

熬过严寒风雪

美喜子和婆婆Hana一样，出生于大阪，她是家中三兄妹里的小女儿。父亲是铁路工作人员，但在美喜子很小的时候就去世了。比美喜子大了将近二十岁的两个哥哥成人后，美喜子和母亲两个人生活在神户市区。日本战败那年，美喜子读小学六年级，经历了大空袭。

"现在回想起来觉得真是做了件蠢事，但当年六月没地方可以去，母亲带着我去了中国东北，因为在哈尔滨的大哥是职业军人，母亲想过去投靠。大哥呢，也一个劲儿地说'来啊来啊，我也想孝顺母亲'，母亲这才下定了决心。当时已经是军官的大哥也没想到，战败近在眼前……"

两个月后，大哥因为战败被扣留下来，美喜子和母亲、嫂子，还有哥嫂三岁的孩子流落街头。

"之前当地人一直被日本人欺负虐待，后来反过来报复也是没办法的事情。还有流言说年轻女性容易被袭击，我当时还是孩子，但个头也不算小，母亲非常担心我的安全，我们在一个屋檐下躲了一个多月。"

等到治安稍微恢复后，嫂子去了一户中国人家里工作，美喜子有天去找她回来的路上，下错了巴士站，迷了路。

等她回过神来，发现自己在不认识的街道上，周围都是中国人，完全不知道是哪儿。

"这可怎么办啊……我正无路可走的时候，刚好有一个日本男人路过，帮我找到了回家的路。我看到母亲的一瞬间便哭得停不下来。如果没有遇到那个人，都不知道后面会怎么样。所以我现在在电视上看到日本孤儿寻亲的故事，不会觉得和自己没关系，当年我也差一点就踏上寻找母亲的路……"

搬进收容所后，嫂子在里面生下了战败前怀上的第二个孩子。可是，当时粮食太紧缺了，两个孩子都营养不足，眼看着一天天瘦下去，后来得了感冒，先后死了。

"当时既不给火葬，也不能土葬，有天夜里，我和母亲还有嫂子三个人，偷偷把孩子们的尸体运出来，一直运到离收容所很远很远的地方，可能就是在路边的一块空地上吧，挖了个洞，把两个孩子埋了。我觉得母亲、嫂子，还有孩子们都太可怜了……"

战败第二年，美喜子回到了日本，生活跌入谷底。中学毕业后，她很快去了银行工作，以此来补贴家用。

"因为打不好算盘，经常被主任骂得狗血淋头。我个性又要强，每天都是流着眼泪拼命练习。"

美喜子一边工作一边读夜校，在学校里遇到了现在的先生文武。他当时一边在电器公司上班，一边读书，比美喜子大两届。

两个人是在学校的戏剧部遇到的，后来又在文化节上一起演了戏剧，关系就此变得亲密起来。认识八年后，两个人决定结婚，结束漫长的恋爱，但遭到了美喜子母亲的反对。

"母亲的心情我也能理解，对方是独生子，以后我还要伺候两个婆婆。为什么偏偏要选这种男人呢……但我那时候年轻气盛，就赌气说不结婚也行，那我往后四五年内也绝对不结婚……我这么一乱说，母亲就想着到时候我都快三十岁了，成了剩女更麻烦，只能妥协。"

Hana后来一直给人做住家保姆，但家里还有姨妈Sumi，生活仅靠先生微薄的收入并不轻松。美喜子就把家务交给Sumi来做，自己则一直在银行上班，直到婚后第五年生了孩子后才辞职。从中学毕业的少女时代算起，美喜子也工作了十二年时间。

坚韧的美喜子能独自照顾两位痴呆老人，也许和她出身于贫困家庭，为了生存而工作，曾熬过贫穷时代的严寒暴风雪有一定关系吧。

被拉回到主妇的位置上

正如美喜子母亲担心的那样，先生文武是独生子，又被生母Hana和姨妈Sumi从小宠着长大，成家后真的是那种连油瓶倒了都不会去扶的甩手掌柜。

"先生读小学一年级之前还不只是我两个婆婆在照顾，婆婆的母亲，也就是先生的外婆当时还在世，等于他是被三个女人宠着长大的。婚后我才发现，他什么都不会做……"

美喜子说，他从不知道自己的内裤放在哪儿，从公司回到家里，外套、西服、衬衣一件件脱掉，在家里扔一排……直到最近他才学会自己把西服挂在衣柜里，那也是因为美喜子忙于照顾两位老人，没精力顾他。

"我们结婚后，他没做过一次饭，星期天一待在家里，就给我找麻烦，一会儿要泡茶，一会儿要拿烟……真的是那种需要别人来照顾的人，自己什么都不会做。他很讨厌我出门，会啰啰嗦嗦抱怨得没完没了。我被他一说，觉得麻烦死了，就心想那好吧，我以后不出去了。"

后来先生被派到外地，从住了很久的大阪搬去过广岛，还去了更远的千叶，一直带着姨妈一起搬家，Hana 则留在大阪继续做住家保姆。所以，婚后有十八年时间，他们是和 Hana 分开住的，直到文武调回集团的分公司，搬到现在的新小区里，Hana 才和家人住到了一个屋檐下。

刚和婆婆住在一起那年，美喜子的小儿子正在读小学三年级。美喜子想着刚好有人帮忙照顾家里，索性出去重新找了工作。经免费职业介绍所的联系，她入职了一家会计师事务所，在离家不远的地方。

"我以前在银行的时候，就觉得工作是一件非常有乐趣的事情，后来去的这家事务所虽然体量不大，但也很尊重我这种临时工，很信任我，会交给我一些重要的工作。渐渐地，我的知识增加了，每天都过得很开心，对工作特别投入。"

美喜子后来还通过函授教育学习了簿记，拿到了三级证书，正打算一鼓作气挑战二级的时候，Hana 的痴呆症状却加速严重起来。

经常迷路，在小茶壶和盘子里倒水并放在火上烧，美喜子虽然留意到了这些不太正常的举动，但她那时候还不知道这是痴呆症状，仍旧每天往返事务所上班。

直到三年前，姨妈 Sumi 的痴呆程度跟着 Hana 一起加剧，美喜子才不得不忍痛放弃好不容易有了一定积累的工作。

"无论如何也不可能放任两个老人不管，最终下定决心辞职的时候，真的太难受了，我太喜欢这份工作了。先生只会说：

'你不在家的话,大家都很难办。'"

按照美喜子的说法,其实作出这个决定不完全是因为两位老人的紧急状况,先生本来也不喜欢她在外面工作。

"他不是那种会当面发牢骚的人,但我辞职后没多久,他说了句:'你这打理家务的能力,从公司回来后退化了啊。'我上班的时候,的确三天才打扫一次卫生,洗好的衣服也没能及时叠放,但我真的很努力想把工作和家务都做好,只是做不到那么完美。被先生这么一说,我才意识到,啊,原来他让我'辞职吧',不全是出于婆婆们的原因啊……"

看来也没办法继续学习簿记了。美喜子本来期待着自己的生活,可以通过努力完成工作,让自己不断成长——好不容易养大了孩子,想体验一下人生的充实感,可这份激情还没能完全燃烧,她就被迫放弃了工作的乐趣。而这种茫然的无力感,不过是她和照顾痴呆老人苦苦斗争的开端。

我的人生还剩下什么?

我还想继续工作,想拓展人生的可能性——美喜子时常怀念之前的工作,怎么也无法完全放弃。她有时候特别想大声叫出来发泄,但还是理智地捂住了自己的嘴,转身投入照顾两位痴呆老人的单调日子里。

先生每天的通勤时间单程就需要两个小时,六点半就得出门。美喜子每天早上五点起床,把丈夫送出门后,再帮着像婴儿一样不能自理的婆婆Hana换衣服、洗脸,再给瘫痪的姨妈Sumi

擦脸、换尿布,之后给两位老人喂饭、收拾、打扫卫生、洗衣服。家务活儿多得让她没有一点喘息的时间,一天一晃就过完了。先生到家的时候也差不多是晚上十点、十一点了。在老人的痴呆症状急速恶化的日子里,美喜子每天都会遇到新的状况,她本想和先生商量一下怎么办,可对方只会摆出一副不耐烦的脸,说"我刚回来,快累死了"。

"那段时间不管我怎么阻止,婆婆逮着机会就想往外跑,太难搞了,先生竟然还责怪我,说什么'都是因为你不够温柔啊','你说话这么难听,老人想反抗才跑出去啊'。没有人能理解我的辛苦,真的是暗无天日。"

美喜子说,姨妈Sumi后来每天夜里都叫喊他们夫妇,先生才意识到问题的严重性,她心里的苦闷也终于缓解了一些。但是,美喜子真的是发自内心地获得了一丝轻松吗?

"先生有时候会开玩笑似的说:'我啊,在你面前矮三分呢。'我知道他是因为要拜托我照顾婆婆们,才对我客气的。这一点,我当然受用,如果他连这点同理心都没有的话,我肯定坚持不下去啊。但是……"

在我看来,美喜子接下来说的话才是这些女性的真实告白,毕竟她们身上的重担比普通家庭主妇沉重太多:

> 说实话,有些事情我一直没想通。我不知道还要照顾老人多少年,我今年已经四十八岁了,等我解放的时候,年龄也不小了吧。到那个时候,我还能为自己做些什么呢……这么一想,好像什么也做不了。要是想提早做些准备,至少现在开始就得做点什么……问题是,即便我有这个想法,目前

要照顾两个老人，别说没时间了，我也没那个心情。所以啊，我自己的人生还剩下什么呢？一想到什么也没剩下，我就焦虑得不得了。

要是我不在家，两个老人肯定会陷入困境，可以说我背负着两条命呢。我心里明白这一点，也总试着说服自己，让她们活下去就是我活着的最大意义……但我心里的另一个自己始终无法接受。

工作明明那么开心充实，我却被困在照顾婆婆的日子里，虽说这也是人之常情，但终究不能说服自己。一想到我是被迫留在家里，对工作的怀念就刺得心里一直疼。尤其是一个人的时候，一想起来胸口就难受得不得了，甚至还想过一死了之。实在是太孤独无助了！

美喜子还时常期待着年轻时和先生约定好的计划，那就是等他们到了银婚那年，要再去一次蜜月旅行时去的信州美之原，一定要再去一次那片空气清澈、秋高气爽的高原……

"可眼下这种情况，肯定是没戏了。再说，估计我先生也早就不记得这回事了，毕竟是那么久之前……"

美喜子嘴上这么说，但其实在她心底里，两位老人已经彻底融入了她的生活。一家四口偶尔把老人留在家里外出的时候，急匆匆喊着"回去吧，回去吧"的那个人，往往是美喜子。

和两位老妇人一起每天过着原地转圈的单调日子，美喜子今后要如何面对自己的人生呢？看起来强大又豁达的神情里，不经意也会流露出一丝难以抑制的悲伤。

阿修罗之家

为东大毕业的儿子而自豪

长冈千鹤子向我缓缓说起了她婆婆Tune临终的事情。

十天前,Tune离世了。在那之前她的身体还算硬朗,千鹤子还陪着她在家附近散步。Tune年轻的时候就走路很快,哪怕八十六岁了,还是"咚咚咚咚"有节奏地迈着步子,瘦小的身躯跟着一起摆动,千鹤子反倒在后面一直紧跟着。两个人差不多能走一个小时。

大概十年前,婆婆开始出现痴呆症状,经常走丢,让家人十分头疼,于是千鹤子开始陪着她一起散步。要是她一个人偷偷跑出去,肯定找不回来。千鹤子只好每天下午来婆婆家,带着她出门走一走。

她还做了个以防婆婆迷路的牌子,让婆婆挂在脖子上,上面写着:"如果您看到这位老人走丢了,还请和我们联系。电话费由我们出。"

牌子做好后,也不知道婆婆怎么想的,得意地给路人看。

"我跟在她后面,发现她遇到人就让人家看牌子,还说:'你看你看,看这个牌子。我家儿媳妇给我做的,我儿媳妇是日本最好的儿媳妇吧……'我这边刚跟人家道歉完,她那边又开始了……"

被Tune突然抓住的路人,都一脸惊诧,有时免不了被Tune拉住说个没完没了。

"话说你家住哪儿?今年多大了?有儿子吗?"

调查户口似的说到最后,她不过是想炫耀自己的独生子,也就是千鹤子的先生——进之辅罢了。进之辅现在是大型钢铁公司的部长。

"'我儿子毕业于东京大学法学部!您儿子是哪个大学毕业的?'哪有这样聊天的,人家肯定会生气。但婆婆痴呆前就这样,对谁说话都是'我儿子是东大的',这是她的口头禅。"

那次散步两天后,Tune的身体突然出现浮肿症状,医生说这是衰老死亡的前兆。正在欧洲出差的进之辅接到消息,立即赶回国,刚好赶上了Tune临走那天。

"去世前半个小时,我在她枕头边唱那首她特别喜欢的歌。婆婆还说:'谢谢你。等下给我的脚盖暖和点,一切都结束了……'之后没多久,她就咽气了。"

听了千鹤子的讲述,我以为这是贤惠的儿媳妇坚持照顾老年痴呆婆婆十年的故事。但听了后面的话我才知道……

哪怕把红色的百合花说成白色的……

随着Tune的病情恶化,她在熟悉的家附近也常常走丢,后来大小便失禁,随处解决,还用脏兮兮的手去摸厨房的抹布。千鹤子每天早上五点就得起床，把家里角角落落都检查一遍，把婆婆夜里弄脏的地方清理干净，再把脏衣服洗一洗。

"先生起床之前，我基本上全都收拾干净了。要是有没来得及洗的脏衣服，只能先悄悄藏在先生看不到的地方……"

做完这些后，千鹤子掀开挂在墙上的日历，日历背面写着：

> 今天也是陪婆婆的一天，要陪她说话，再坚持一天吧。

这是她自己写的。

"每天早上我都趁着先生不注意，悄悄读给自己听。要是哪天我没吐槽婆婆'痴呆又严重了'，'竟然让我做这种事情'，我就靠这句话安慰自己。第二天早上也是这样，日复一日，感觉喘不过气来……"

婆婆还经常在夜里醒来，说饿了要吃东西，在家里四处走动，闹得人不得安宁。每到这时，千鹤子便小心翼翼地起身给婆婆做点吃的，动作非常轻，生怕惊醒了先生进之辅。

千鹤子就这么一人挑起照顾婆婆的重担，全心全意支持着先生的工作，直到婆婆离世。婆婆走的那一刻，千鹤子心情复杂极了。

"快不行的时候，医生说'可能还能撑一天吧'，说实话，我那时候心里都快要叫起来了，'天啊，再过一天，婆婆就不会跑到外面去了，我也不用再洗脏衣服了，再过一天我就解放了'，婆婆真正走的那一刻，我有一种如释重负感。"

千鹤子这么说的时候，一半夹杂着自责。她下意识地朝着佛坛双手合十，低声说了句："婆婆，对不起。"

听了千鹤子的叙述，我才意识到照顾痴呆老人并不是她痛苦的全部原因。身为儿媳妇，婆婆本身就是她生活里的阴影。

很早之前，Tune 就常对千鹤子说：

"男人就算把黑的说成白的，你也必须说'是的是的，您说得对'，哪怕把红色的百合花说成是白色的，你也不要多说一句话，只管说'是的是的'，这样绝不会出错……"

在婆婆这种思想的笼罩下，她的独生子，那个她逢人就恨不得炫耀毕业于东大法学部的进之辅，渐渐成了家里神圣不可冒犯的人物。

刚结婚时，在一个酷暑的夜里，婆婆交代千鹤子：

"进之辅睡着之前，你用扇子给他扇扇风。"

"我照她说的，坐在先生旁边给他扇扇子，婆婆还会稍微推开我们的房门，伸头看一看，确认我在伺候他儿子后，她才一脸放心，好像在说：'嗯，真不错。'等先生睡熟了，我才终于躺到了床上。"

听说在进之辅还是婴儿的时候，Tune 便一步也不离开儿子的枕边，还一直说："这孩子将来肯定很有出息，不，我一定会让这个宝贝儿子有出息的。"

千鹤子告诉我："先生还小的时候，一到冷天，婆婆连卫生间都不让他去，让他在有暖气的房间里解决。婆婆还常对我说：'我可是把最宝贝的儿子交到了你手里啊……'"

母子相依为命

Tune 在稿纸上写了题为"成长日记"的笔记，满满当当。七千多字的文章末尾，她向儿媳妇千鹤子和千鹤子的母亲表达了感激之情，还以"合掌"作为结束语。

"她可能是想留给我们才写的吧，但其实要我说心里话，这篇文章不少地方都挺做作的，还合掌。婆婆从来没有拜过佛，也不是信佛的人。"千鹤子说道。

Tune 很少对千鹤子提及她老家的事情，包括她的成长经历、她后来的婚姻生活。千鹤子每次刚想问一句，便立即引来婆婆的怒气。

Tune 出生在京都府的一个小镇上，家里有九个兄弟姐妹，她是第四个女儿。很小的时候，Tune 被寄养在了富庶的亲戚家里，后来从女子高中毕业。这种女校在当时还很少见。

Tune 在日记里写道，毕业那年，女子高等师范学校（现在的御茶水女子大学①）在奈良设立了新校区，之前只有东京校区。当时她入读的女子高中有机会推选学生免试进入大学，但必须是当年春季毕业的优秀生。Tune 很想读这所大学，求养父母让她继续读书，但家里人说女孩子没必要接受高等教育，便拒绝了 Tune

---

① 坐落在东京都内的一所国立大学，也是目前日本国内顶尖的女子大学，有"女子东大"的别称。御茶水以其卓越的专业教育，培养了具有行动力和领导才能的新时代女性。日本很多政要及名门望族的女儿均在这所大学就读。

的请求。她最后哭着放弃了自己的梦想。

日记里继续写道:"我长得不好看,作为女人并不合格,所以我将来不可能拥有幸福的婚姻生活。我决定投身教育事业,做独立女性,奉献自己的一生……"

虽然没能进入女子高等师范学校,Tune 还是当上了一名小学教师,实现了自己的愿望。这对当时的女性来说是全新的职业。之后十多年时间里,Tune 一直在讲台上工作,还认识了一名丧妻的男性,两人结了婚,算是晚婚。进之辅就是 Tune 和这名男性生下的孩子。那年,她都三十七岁了。

"日记里没有写的一件事是,我先生其实还有个哥哥,但很小的时候给了别人,后来音讯全无。我问婆婆:'不想念这个孩子吗?'婆婆说:'有什么好想的,我自己也是寄养的孩子,等老了身边有一个人照顾自己就行了。'我猜想,这个哥哥肯定还在某个地方活着呢,但婆婆好像不太惦记这事儿……"

进之辅出生的第二年,Tune 的先生病死了。葬礼上,对方的亲戚对 Tune 说:"以后啊,你们母子俩只要别给我们家族丢脸就行,千万别去做小偷和要饭的。"Tune 听了特别窝火。她在日记里写道:"我当时下定了决心,就算啃石头,我也要凭自己的能力活下去,证明给他们看。"

在那之后,Tune 和进之辅母子就开始了相依为命的人生。

"婆婆就是现在说的过度保护型妈妈。只要是孩子想要的东西,哪怕生活再苦再难,她也会咬咬牙买下来。婆婆说,我先生小学一年级的时候,上学前还会说'妈妈,我想吸一下奶',要吸了妈妈的乳头才出门。我先生也说:'用力吸的话,感觉能吸到一点甜甜的东西。'婆婆就是这样没底线地和儿子融为一体,宠着他长大。"

昭和初期，处处都是经济不景气的样子。Tune那时候带着进之辅再婚了。

"对方在其太太去世前，便一直有个情人，Tune和当时还没长大的先生商量时，先生竟然说：'去啊！去啊！'所以，Tune等于是在默认对方有情人的前提下，还和对方结了婚。不过那时候生活太艰辛了，结婚也算是让Tune得到了帮助，只是夫妻关系肯定不会很好。几年后他们就分居了，对方没多久便去世了，母子俩再次回到了相依为命的生活。"

好在进之辅没有辜负Tune的期待，从小学到初中一直出类拔萃，又从旧制高等学校①考上了东京大学，升学路上顺风顺水。

与新社员的邂逅

"先生的学习成绩真是太好了，还在旧制高等学校的时候，每次一进老师办公室，就会被大家注意到，还会被调侃：'哎呀，高才生来了。'先生进东大后也一直是特优生，连学费都不用交，读大学一分钱都没花。这些我听婆婆和先生讲了不下一万遍。"正如千鹤子所说，其实不只是Tune为此自豪，进之辅自己也时不时为自己的优秀而洋洋自得。

---

① 指日本在一九五○年前设立的高等学校，以完成高等普通教育为目的，充实和加强国民道德教育，相当于现代日本的高中至大学低年级之间的教育阶段。

"考上东大都是陈年旧事了,但他们还是喜欢得意地说起亲戚家的孩子东大落榜,没面子什么的,其实只有他们自己把人家当敌人。结果我先生也和他妈妈一样成了爱争输赢的人。"

千鹤子说,进之辅在学生时代基本不参加体育运动,也不参与任何社团活动,一门心思搞学习,结果到现在身边也没一个长期交往的朋友,不参加同学会,就算收到通知也不露脸。

进之辅大学毕业后进入了钢铁公司,也是在那里遇到了千鹤子。

千鹤子的父亲是旧陆军士官学校①毕业的职业军人,战争结束的时候是工兵大佐。

"我记得很小的时候,父亲每天早上都骑马去参谋本部。他还会把部下叫到家里喝酒,特别热闹。但战败后,他一下子就变了个人。"

千鹤子的父亲之前在中国南方战场打仗,但战败后,即便是将领,也只能复员回到千鹤子母亲的老家。妻儿六人在侧,却没有一官半职,父亲郁闷极了。

"他以前是很温和的一个人,但突然间没了自己生存的能力,被家人瞧不起,性情变得很乖僻。他外出找工作回到家,要是母亲和我们没有在玄关站着对他说'欢迎回来',他会非常生气,要让我们站好,他重新再进家门一次。"

千鹤子到了青春期,想借母亲的和服穿出去玩,但父亲不知道为什么不满,气呼呼地把千鹤子身上的和服扒下来,还挡在家

---

①培养日本陆军军官的学校。该校于日本明治维新期间开班,前身是一八六八年开办的京都军校,于一八七四年正式成立,二战结束后被废除。

门口不让她出去半步。

"生活的艰难,加上父母的管教特别严,锻炼了我的忍耐力,我也觉得自己比一般人更能忍。"

从旧制女子高中毕业的千鹤子,为了贴补家用,去学了西式裁缝,揽一些活儿做。有一天,她偶然在报纸广告上看到有公司招募女社员,就去参加了入职考试,没想到通过了。工作了一个月之后,就在公司里遇到了当时是同事的进之辅。

战败后的混乱时期好不容易过去了,朝鲜战争却愈演愈烈,大家的生活仍旧不得安宁。

"我先生在三楼的文件部门工作,刚进公司时我还什么都不知道呢,大家就已经传开了,说三楼有一个东大毕业的高富帅,哪天他来我们部门办事,女孩子们便全都叽叽喳喳热闹起来,都在议论'是那个人哎'。"

入职两年后的春天,进之辅突然给同公司的千鹤子打了电话。

"我当时加入了公司内部的合唱团,他打电话来,说想成立一个唱片鉴赏社团,要去买唱片,问我能不能和他一起去看看。说起来,和他一起去唱片店算是我们在一起的开端吧。后来他也加入了合唱团,但他是跑调大王,一听他唱歌我就忍不住笑起来。"

千鹤子后来才知道,进之辅刚开始追她的时候还去请示了上司,问:"我想和这个女孩子交往,可以吗?"得到上司的许可后,他才进一步采取行动。

之后,进之辅每天都给她打电话。

"他总是穿着件有点脏的衬衫,好像对这些细节不上心。我们很少去咖啡厅之类的地方,但偶尔去,他会冷不丁地把方糖扔进嘴里吃起来，我就觉得这个人好土啊。但慢慢接触着，也产生了好感，再说，我身边也没有其他能交往的男性。"

但有一天，进之辅说了些让人非常意外的话。

一夜之间变为"进步派"

那时候进之辅进公司才三年，但已经是总公司事务部门的工会支部职员。每天一下班，他就邀请千鹤子去一家烤串店。那里也是工会活动家的聚会地点。

"他的衣着总是不太整洁，我一开始挺不喜欢的，但心里知道他对我有意思，我也渐渐被他的情意打动，想着要是我和他在一起，一定要让他变得干净点儿。"

以唱片鉴赏会的由头开始追千鹤子后，进之辅说出了要和她结婚的想法。但让千鹤子有所动摇的，是在三个月后的某一天，进之辅突然说了这样的话：

"我很清楚接下来的世界会变成什么样子，那一定是共产主义的世界。我决定把自己的一生都献给这项伟大的运动。到那时候，我必须优先考虑人民，而不是我自己的小家庭，不是妻子和孩子。我非常崇拜毛泽东和刘少奇这样的人物……"

日本的工会运动在一九四九年达到了战后最高的工会组织率（55.8%），这时候的热潮已经有所回落，但战后民主主义的热浪仍在持续发酵。中华人民共和国成立的时候，进之辅刚好读大学，那时也是大家最热衷于讨论马克思和毛泽东的时代。不过，这些事情在千鹤子听起来却匪夷所思。

"突然听他说这些,我就直接告诉他,如果是这样,我不能跟他在一起,还请找其他女孩子吧。那天我们就不欢而散了,但第二天他又来找我,一脸轻松地对我说:'我重新考虑过了。'从那以后他再也没说过类似的话,好像那天的事情没发生过一样。他以前还介绍过一位大学时代的朋友给我认识,好像也信仰共产主义,但后来他们也没见过面,连我们聊天的时候都再没提过这个人。"

看来进之辅的"进步派"作风,不过是一次跟风罢了。

进之辅后来对千鹤子提出想见见她父亲,千鹤子安排了一次会面。老派军人出身的父亲,开门见山地抛出犀利的问题:"你为什么想娶我家女儿呢?"

进之辅说:"人生总有大风大浪。我不知道将来会发生什么事情,但我觉得只要和千鹤子在一起,我们就能一起战胜所有苦难……"听起来不过是一个标准答案,但竟然通过了考验。

千鹤子说,她第一次见到婆婆Tune的场景,倒是难忘极了。

那时候,进之辅和Tune挤在特别小的房子里,一个四张半榻榻米大小的房间,一个三张榻榻米大小的房间。千鹤子去拜访的那天,Tune刚好拿着短扫帚在打扫卫生。

"他们家没有玄关,我一走进去,婆婆啪啪啪地把扫的垃圾堆在了我前面,看到我进去,她也没停下正在干活的手,哈哈哈笑起来,大声说:'你来啦!'我家的家教非常严格,而他们家刚好相反。"

因为父亲没有工作,千鹤子就希望尽早步入稳定的生活。另一方面,和儿子相依为命的Tune,也希望儿子早点娶到儿媳妇。于是在双方有意的前提下,三个人很快开启了新生活。

"刚结婚那会儿,我正要做晚饭,婆婆就说'等等再做',拉着我一起去车站接我先生。见到先生了,她会问:'今晚想吃什么呀?'"

这种把千鹤子晾在一边的母子关系,不过是很多年习惯的自然表露。

"想吃什么?"

"墨鱼!"

"好,我这就去做。"

Tune在回家的路上买好墨鱼,回家切成片后再用酱油和砂糖煮。她做什么菜都是用酱油和砂糖调味,鱼也是,蔬菜也是。要是进之辅说想吃猪肉炖白菜,Tune就会去找切好块的猪肉和白菜;进之辅说想吃可乐饼,Tune就会买回来现成的可乐饼,搭配着火腿,七拼八凑摆在一起,就是晚饭。

监视着有没有对她儿子好

千鹤子结婚前,母亲常常对她说这样的话:"不管你嫁到谁家,一定要好好操持家庭,千万不能被婆婆说一句不是。"但是,在和进之辅开始新婚生活后,千鹤子几乎每天都生活在婆婆Tune的指责里,挑的都是鸡毛蒜皮的事情。

"婆婆的性格很奇怪,她可以对家里的脏视而不见。我每次想要打扫干净,反而会被她说。我拿鸡毛掸子去掸灰尘,她说'不用搞,你拿掸子一掸,灰尘全都落地上了'。收拾榻榻米下面的茶渣儿什么的,她也生气,说'千鹤子啊,你还清扫下面啊,看不到的地方不用打扫了'。"

订婚后,进之辅有次邀请千鹤子到家里吃饭,吃的是鸡内脏类的烤串。有些内脏千鹤子咬不动,吃得很勉强,Tune便露出一脸遗憾的表情,说什么"内脏是多好的东西啊,竟然吃不了"。但比起这个,千鹤子更在意的是他们家端出来的餐具看着也不干净。

结婚后住在一起,婆婆基本上承包了做饭的事情,但也不过是把买回来的可乐饼放在盘子里,在餐桌上随便摆一摆敷衍了事。千鹤子有时候也想自己做一下饭,但这么做会惹怒婆婆。

"她说,做这么多菜,等下要洗的东西不也多了吗?我说等下我来收拾,交给我就好。我用去污粉洗油多的餐具,也被她说浪费,结果只能先洗得黏糊糊的,然后背着她再悄悄地重新洗一遍。那段时间真是太辛苦了。"

"我家宝贝儿子以后肯定有大出息",这是Tune的口头禅,有事没事她都会在千鹤子面前说起。

"她每天都会念叨,'这孩子的父亲死得早,我发烧都快病死了也咬牙忍着,一个人把儿子带大不容易啊,所以你也要好好照顾进之辅,不然我真是不甘心把他交给你',翻来覆去地说。吃东西也特别抠门,要是先生说今晚在外工作,那家里的两个鸡蛋才可能我们一人一个地分。"

从进之辅小时候起,婆婆就尽全力满足所有他想吃的、他想要的。有一天,婆婆说的话让千鹤子惊呆了。

"这孩子很小的时候啊,遇到不顺心的事情就会扔锥子,或者乱来一通,你可要小心一点啊。"

千鹤子吓得不轻,再仔细一问,原来是进之辅如果买不到想要的东西,或者事情没有按照自己期望的方向发展,就会把火盆里的炭火放在铁锹上,然后搞得满屋子都是火星。

"我后来还问了先生,他说好像小时候确实做过这样的事情,还说看到他妈妈慌慌张张地去灭榻榻米上的火,觉得特别开心。婆婆说现在有儿媳妇了,她可以放心了。早上叫我先生起床也是件头疼的事情,她也能喘一口气了。"

和母亲相互依偎,在母亲溺爱中长大的进之辅,便是现在我们说的暴力少年的典型代表。

结婚后,千鹤子总感觉这位天天说"我把宝贝儿子交给你了"的婆婆在监视着自己有没有全心全意伺候先生。而且,婆婆不单单监视,还总从旁插嘴又插手,让千鹤子十分难做人。

有一次,进之辅病了,医生交代要注意饮食。

"我按照医生说的,适当减少了先生的饭量,婆婆却在旁边说'医学都这么发达了,还要求减少饭量,不用听医生的'。先生觉得他妈妈说得对,对我说的一点也听不进去。"

订婚时,进之辅还只是公司工会的职员,结婚后没多久就升为支部书记,很快又被提拔为股长,是同期员工里升职最快的。仕途可谓节节高升。

"这是个只看金钱和地位的世界"

千鹤子后来生了两个孩子。进之辅一直都是视情况给千鹤子一部分工资作为家庭开支,一次奖金也没给过。这种经济分配方式让千鹤子十分紧张,加上婆婆经历过非常艰难的贫困年代,养成了抠抠搜搜的生活习惯,也总是在一些琐碎的事情上给千鹤子使眼色。

"我做饭的时候,给大人孩子一人准备一份晒干的竹荚鱼,她就会嘀咕说:'千鹤子啊,从古至今的儿媳妇,都是吃孩子们吃剩的东西。其实本来我也可以自己吃一份完整的。'"

就是因为她有这种观念,才经常对千鹤子念叨:"老婆拿老公的钱去买自己的东西,简直就是不要脸。"而且,不仅Tune这么想,连进之辅也这么认为。

"我婚后从来没有给自己买过衣服。怎么买?全都是先生买回来我穿,就连他带我出去买衣服这样的事情,也一次都没有。只有一次,为了PTA①的聚会,大家都说有件衣服划算,嚷嚷着一起买,就那次是例外。况且,还是我之后和先生申请,获得了他的许可,说'给我买',我才买下来的……"

这么说着的千鹤子,身上穿了件略有些长的连衣裙,也是她口中的"季节新衣"中的一套。

从这些生活日常可以想象到,Tune和进之辅母子俩对于金钱的执念肯定比一般人有过之而无不及。

千鹤子说:"先生总赤裸裸地告诉我,这是个只看金钱和地位的世界。'我父亲去世得早,母亲含辛茹苦也是为了挣钱,没钱的时候谁都瞧不起你,有钱的时候大家才会正眼看你。'他骨子里就这么想,所以对公司的人事极其敏感,和我结婚在一起后,满脑子想的也都是升职的事情。婆婆也反反复复说'这孩子是有大出息的人'。"

所以,也就不奇怪,他们家认为妻子的存在就是为了辅佐丈

---

① Parent Teacher Association 的首字母缩写,也叫"家长教师联合会"。

夫的仕途。进之辅对家务和育儿等事情一概不闻不问,还向妻子寻求各种帮助。千鹤子到现在还记得他们蜜月旅行回来后,先生第一天返工时发生的事情。

"他当时从公司里带回来很多要处理的文件,砰的一声就丢给我,说了句'第二天早上之前全搞好',我打着算盘帮他做到大半夜,他倒是在旁边睡得呼噜连天。"

在同期员工中脱颖而出的进之辅,从工会职员升到管理层末流的股长,后来又当上了商品出口部门的课长,之后是次长,一级一级顺利地爬了上去。

这期间,一家人也从公司宿舍搬进了一户建的自家房子。之后,进之辅常常邀请客户到家里做客。

"要是他觉得这个人对自己有用,他招待的时候就格外小心,面面俱到,连我看了也会惊讶。反过来,要是这个人对他没什么用,他连看都不看人家。简直势利到家了。"

先生如此,千鹤子也不得不跟着势利起来。客人到了家里,她不仅好酒好菜招待,还会弹一弹很久之前自学的钢琴曲,伴着歌声助兴。要是夜里晚了,她还开车送客人回家,有时候甚至让客人在家里过夜,第二天早上再送回去。总之,做得滴水不漏。

其中有一位客人是社长一职的有力候选人,为了这位大人物,夫妇同心招待,不遗余力。千鹤子的爷爷以前是旧制高中的老师,刚好这个人是她爷爷的学生。进之辅利用这层关系,每周都约对方打高尔夫球。

"这位重量级人物说不想私用公司的车,我只能每周开车接他去高尔夫球场,回家随时待命。傍晚,先生打电话来,说'我们马上到大堂了,过来吧',我又急急忙忙赶去球场接他,一直送到家。每周都这样。"

然而,看起来顺风顺水的晋升之路,却发生了意料之外的转变。

深夜,警察打来电话……

从商品出口部门的课长到部门次长,进之辅一路高升的时候,正是日本经济高速发展的时期,也是石油危机震荡到来的前夕。进之辅所在的部门是全公司最耀眼也最忙的部门,那段时间,他每天晚上到家都是凌晨了。

千鹤子正想说那期间发生的一件事,却有所顾虑地戛然而止。

"这个事情,到底要不要说呢?确实有点丢人,我先生对外总是展现最好的一面……不过,要是漏掉这件事,您也就没办法了解全部情况……"

千鹤子纠结了一会儿,还是向我和盘托出了。原来,进之辅的精英形象背后,即笼罩着东大和大公司的光环背后,还有不为人知的一面。

"我忘了那天是夜里几点,但肯定是深夜了,突然有警察打来电话,说:'您先生现在在我们这里已经被保护起来了,您不用担心,是这样……'我听了半天才搞明白发生了什么事情,真是超级无语。"

警察说,进之辅工作后常去一间酒吧,和其中一名叫A子的女招待交情甚好。他就拉拢A子,把其他客人付了款但没有拿的发票拿到手,充当自己的招待经费,再拿去公司财务部报销,每个月多拿了不少钱。

"但是呢,他又没处理好那个女孩子的利益。结果人家和认识的暴力团伙通风,说这个男的可以敲诈出来不少钱,暴力团伙就给我先生打电话,威胁他。我先生后来说,他屈服了一次,给了钱,没想到后面一直被威胁、被敲诈,没有尽头。他没办法,去警察局报了案,但前提条件是'绝对不能让公司知道这件事'。"

当天,进之辅带着钱去了对方指定的地方交易,那是一家繁华街区的咖啡厅,同时还有四名便衣警察埋伏在附近。暴力团伙的男性一出现,进之辅就拿起手里的钱打招呼,刑警瞬间扑上去抓住了对方。

夜里,进之辅坐警察的巡逻车回到了家。

"他进玄关时,竟然还兴奋地说:'天啊,今天真是太好玩了!在咖啡厅里,所有人都站起来看着我们这边,暴力团伙的蠢货一下子就被逮住了,真是痛快!'他还沾沾自喜起来。但我非常担心,万一被公司知道了怎么办?我担心得不得了,他倒是乐观,说:'警察真是太厉害了,一开始还不受理这个案子,后来我拜托他们要对我公司保密,他们说了没问题。不用担心。'"

第二天,千鹤子的顾虑就成了现实。还用说吗?警察一接到进之辅的报案,第一时间就知会了公司里的人事。公司以此为契机对进之辅作了调查。他通过餐厅女服务生拿公司招待费回扣的勾当,很快就水落石出。处分下来得很迅速,进之辅的部门次长一职即刻被撤销,他成了没有职位的闲杂人等。

当天晚上,进之辅还没到家,和暴力团伙有关系的那位酒吧女服务生竟然找到了家里。千鹤子按照警察事先交代的，'如果有案件的相关人员出现，请第一时间和警方联系'，立即给附近的警察局打了电话。就在她正不知所措的时候，进之辅到了家。

"是个很年轻的女孩子，穿了毛皮大衣，下面是一条喇叭裤，见到我先生，一脸亲热地说：'我是来和你道歉的。'还不是为了求我先生帮忙释放那个被逮捕的人。但比起这些破事，我对他俩的亲昵关系更为震惊……"

结婚以来，千鹤子的生活全都奉献给了先生，一心一意，没有二心，所以那时的震撼也更为强烈——我到底在干什么？她怎么也想不到先生背地里是这样的人。也刚好在这个时期，Tune的老年痴呆开始发作了。

孙女离开奶奶，痴呆变得更严重

"我把宝贝儿子交给你，以后你就把孙子孙女交给我哦。"——刚结婚时，Tune就这么对千鹤子说。后来，她果然霸占了两个孙女，不许千鹤子干涉一点点。

"我那时候打算换婴儿辅食，婆婆说没必要，这样不就挺好，她的意思是把食物放在自己嘴里嚼碎，再吐出来喂给孩子们。我很注意不让孩子们偏食，她就说：'我就只给孩子爸爸吃他喜欢的东西，所以才能考上东大啊，小孩子嘛，给她们喜欢的东西就好了。'"

千鹤子没辙，只好找先生商量，但进之辅说"按我妈说的做就行"，没有任何商量的余地。

孙女被附近的小孩子弄哭了，婆婆气得眼睛都变了颜色，立即冲到人家家里破口大骂。

"小学每次开运动会和音乐会，她都要去，但她只是去看自己家孩子的表演，去早一点点她都要说'亏了亏了'，真是讨厌。孙女的表演一结束，她就嚷嚷着'回去吧回去吧'。我说'婆婆，我们再多看一会儿吧'，她就怼我'其他孩子有什么好看的'，便急吼吼地回去了。"

孩子们都读小学了，婆婆没让她们干过任何家务，也没让她们自己买过东西。

为了让她们帮忙打下手，千鹤子每次都得找些理由，说得冠冕堂皇一些。

"小学老师提醒我说：'您家孩子分不清玩具钱币和真正的钱币，可以试着让她去买东西。'我和婆婆说了后，正打算让孩子们出门跑腿，结果她还是不允许，说不要出去。就是因为她这么惯着，我两个女儿长大后也不会做家务，真是头疼。"

但是，在Tune的溺爱中长大的孙女们，最后也很烦她的干涉，恨不得奶奶离自己越远越好。

"孩子们升了年级后，学业繁重起来，婆婆还经常喊她们'来玩儿来玩儿'，她们后来也渐渐不再搭理了，甚至还对老人家说很过分的话，比如'奶奶好烦啊'之类的。夜里快睡觉的时候，婆婆钻进她们房间，说'给我看看你们的脸'，结果孩子们猛地就用被子盖住脸，说'讨厌奶奶'……还有好多这样的事情。"

千鹤子说，现在回想起来，孙女们开始抗拒婆婆的时候，大概就是她老年痴呆发作的时候。

那段时间，婆婆开始有意无意地依赖千鹤子。自从嫁到这个家里来，千鹤子总是被婆婆压着，天天听她说"你要好好照顾我的宝贝儿子"，因此她就代替婆婆全心全意伺候着进之辅。当孙女们不愿意和婆婆过多接触的时候，婆婆好像也越来越频繁地对千鹤子说："进之辅的事你不用操心那么多，你也操操我的心……"

千鹤子刚分散些精力去照顾有痴呆症状的婆婆，进之辅又吐露了不满。

"我跟他说了婆婆的各种症状，结果他说：'我妈活得够长了，她不看红灯被车撞了那也没办法，不用管她。我都快忙死了，你不管管我这边，我也很为难啊。'好像我们家成了三角关系……"

随着Tune的病情越来越严重，进之辅决定送她去公寓式养老院。Tune那时候不单单迷路，连大小便也失禁了，千鹤子想着普通养老院大概不会接收这种情况的病人，不是很同意，但进之辅很快就签好了合同。

Tune自己也有意识地想控制病情恶化，她每天都坐在廊檐边上大声唱歌，还背诵很久以前学过的教育敕语[1]。

"去养老院那天，婆婆在新干线上大声唱着'汽笛一声鸣响，穿过了新桥'……我先生把脸朝向另一边，装出一副不认识她的模样。我也无话可说，反正看着挺奇怪的。"

在养老院的第一天，Tune一屁股坐到了别人的房间里，因为

---

[1] 日本明治天皇颁布的教育文件，其宗旨成为战前日本教育的主轴，于一八九〇年颁布，一九四六年起从教育体系中被废除。然而，教育敕语中提倡道德教育的内容在《教育基本法》中仍被保存。

大小便失禁把人家的屋子搞得很脏，还按了紧急铃声，引起了一阵骚乱。

另一块重石

果然，如千鹤子担心的那样，Tune 从搬到养老院的那天起，就满身污秽地在院子里走来走去。管理员很快给家里打来电话投诉，结果，Tune 在那儿待了两天就被"驱赶"出来了。

回到家后，Tune 的痴呆程度不断加重。一到夜深人静，大家都睡着的时候，她就会被自己的幻觉吓到。

"大半夜地叫醒我，说'有小偷进来了！朝那边逃跑了！'或者'我准备上厕所的时候，里面有人，我进不去'之类的。我陪在她旁边，等她上完厕所，再送她睡回被子里，她又说什么'被子里有人'，自己把自己吓一大跳，连我都被她吓死了……"

一到白天，她就想去家附近参加老人们的聚会。但有一次，Tune 惹了不小的麻烦。

"我接到电话，对方说您家奶奶在这大吵大闹，还说钱被偷了！这里的老人太恶心了，让我赶紧去看看。"

千鹤子一听，拿起 Tune 一直随身携带的钱袋子就飞奔过去。

"'婆婆啊，钱都在这里面呢。'我把钱袋子放在她手里，让她好好拿着，还安慰她'对，这样就对了'，总算平息下来。结果，那些被怀疑的老人们全都沉默地盯着我们看。我慌里慌张地赶紧弯腰道歉，手都要碰到地板上了，跟大家说'非常非常抱歉，还请你们原谅'。那边的负责人挺好的，对我说'没事没事，你不用道歉'，但我那时候真是控制不住，眼泪一下子就流出来了。"

Tune的情况越来越差，但进之辅却对千鹤子没有照顾好自己心存不满，不仅甩脸色，还责备千鹤子："我妈身体这么好，怎么就得了痴呆？全都是你造成的！"

"那段时间，我身边没一个人可以倾诉，我就去商场里的老人问题咨询室。和咨询师说着说着，眼泪就哗哗地往下流，我自己也知道这样很难看，但就是忍不住。结果在人家面前很丢人地哭了一场，就回家去了。"

不过，那段时间千鹤子心情压抑，还因为心头有另一块重石的存在，那就是孩子们的事情。

姐妹俩小的时候，姐姐更乖巧，学习成绩好，进之辅也更喜欢，期待着她以后能考上国立大学的附属中学。小女儿美和从小就总是被人和优秀的姐姐比较，不知不觉有了自卑心理。直到小学二年级，美和被一种奇怪的精神病状困扰，这种心理阴影才显现出来。

负责治疗美和的心理医生说，她的情况属于精神疾病中的一种，也叫"目光恐惧症"。比如在学校里，她感觉其他小朋友在盯着自己。只要有一点点这样的目光，她就极其在意，也很难交到朋友。

心理医生说："这种病人其实很想和朋友开开心心聊天，也很想和大家一起玩儿，但就是做不到，只能在脑子里空想和朋友一起聊天、一起玩耍的场景。长此以往，这种空想和现实之间的差距只会越来越大，本人会越来越没有自信，更不会有朋友了。这也是社交障碍的一种类型。"但美和为什么会变成这样呢？

前面提到，Tune得老年痴呆前把两个孙女当宠物一般溺爱，尤其是小一点的美和，从出生开始就没和妈妈千鹤子一起睡过，是一直被奶奶抱着睡的。

心理医生诊断说："她内心对母爱有强烈的渴望，又在奶奶的宠爱中长大，结果上了幼儿园，看到小朋友们都会折纸，只有她一个人不会，很容易产生自卑心理。加上父母的要求又高，尤其是推崇精英路线的爸爸，时不时说一些否定的话，比如'成绩这么差，一点都不像我的孩子'之类的，孩子也会因此而越来越失落。"结果，美和跌入了千鹤子无能为力的深渊，甚至企图自杀。同一时期，进之辅又搞出丑闻，还牵涉到暴力团伙，婆婆Tune的痴呆症也在打击接连不断的家庭氛围中，变得一发不可收拾。

因为爱，所以分开？

小女儿美和从中学开始有了社交障碍，最后竟发展到自杀未遂的程度。千鹤子说，其实从美和刚出生起，进之辅就不是很喜欢这孩子。

"大女儿出生后，先生希望再生个儿子，还对我说，下次一定要生个男孩。结果第二个又是女孩。我出院那天回到家，他从公司下班回来第一句话就是：'我想要男孩，你生不出儿子，也太差劲了！'说得怒气冲冲。我被他吓坏了。我刚生完孩子，情绪也不是很好，哭哭啼啼回了娘家。"

千鹤子说，婆婆Tune和进之辅一样，那段时间在外面遇到熟人就抱怨:"这次又生了个女孩儿。"

"我从娘家回来后,关系还不错的邻居就对我说:'你家婆婆真是薄情啊,太不像话了。'人家都无法相信还有这样的事情。婆婆和我先生在这方面真的是一个模子里刻出来的。"

心理医生后来成了美和的精神依赖。据他说,进之辅从一开始就很排斥美和,又总是拿她和姐姐作比较,指着美和糟糕的成绩单,责怪她"为什么就是学不好呢",非常执着于她的分数。

结果只能是孩子渐渐明白了父亲的心理,觉得自己成绩不好,拖了后腿,不配做父亲的孩子,跌入了自卑的谷底。

能力差的人,作用不大的人,就是无用之辈——这是极为残酷的能力主义思维。进之辅一直就这么认为,但这种想法深深伤害了千鹤子的心。

那是千鹤子还怀着美和的时候,两个人也才结婚六年而已。千鹤子突然出现原因不明的高烧,全身无力,一下子病倒了,住了一个多月的医院。有一天,进之辅出现在医院里。

"病情一直没好转,我也很着急,先生来到医院病房,对我说:'要是你对我还有爱情,就应该主动提出分手。万一是治不好的病,更应该你先提出来。'我当时还以为自己听错了,但他一脸认真的表情,连旁边的陪护人员听着都惊呆了……"

这样对待生病且怀有身孕的妻子,简直难以用常理去推测这位丈夫的心理。很久之后,千鹤子因为同样的症状又住了很长一段时间医院,进之辅也再次重现了一样的场景,说了一样的话,让千鹤子无言以对。

因为美和的治疗,千鹤子和心理医生也渐渐熟识起来。心理医生对她说:"您先生直到上中学还被母亲抱着睡觉,被宠得没有边，才养成了他这种以自我为中心的性格，只会考虑自己，像小孩子一样。对太太的冷漠就是这种表现之一，但背后也有婆婆的影响。这位老人认为，'女人一旦成了男人的负担就应该自动退出'，加上您先生对母亲言听计从，很自然地接受了婆婆的想法，所以才会这么说吧。"

进之辅因为暴力团伙的丑闻被降职后，经过一位上司的疏通，三年后再次回到了工作前线。而那位上司，正是千鹤子很早之前与先生一起费了很大心思招待的人。进之辅随后被派到欧洲短期工作，出发没多久，Tune的病情就急转直下，很快发展到了病危的程度。

Tune的三周忌日过去没多久，千鹤子有一天收到了一封信，是不认识的人寄来的。这封信让她的生活再次陷入黑暗。

"您问下您家先生就能了解所有情况了，您先生做的事情还真是超出了常理……"

信里写的，是进之辅和一位女性的事情。

发现了先生的男女关系

让千鹤子震惊不已的这封信，是进之辅公司的客户写来的，这位客户也是骨干企业的管理层。对方招待进之辅打过几次高尔夫球，他们渐渐熟络起来，进之辅就安排了对方的女儿入职了自己公司。

信里说，"和夫人您说这件事也极为欠妥"，但后面还是把前因后果写得清清楚楚。信的大意是，进之辅作为公司里的上司，本应该起到指导和监督的作用,但竟然勾引对方的女儿,以至于女孩子现在不愿意好好结婚,而且进之辅还推卸责任,甚至有欺骗行为。

"我先生说,完全想不起来有这种事情,他是无辜的。我也这么给对方回了信,但后来发现并非如此……"

来回通了几次信后,千鹤子知道对方的话绝不是随意捏造的。

这期间,千鹤子也在进之辅的旧手账里发现了残留的"证据",这让她十分震惊。那里面详细记录着进之辅和女孩子交往时的餐费、住宿费等花销。

"我逼问到最后,先生才说因为帮了那个女孩找工作,她后来想辞职的时候就来找他商量,但在咖啡厅聊这些私事也不是很方便,就去了酒店。他还说这个女孩子是狠角色,不好对付,其实他也是被骗的。听起来怎么都不可信。"

信的风波刚消停,千鹤子很快又接到了一个陌生男性的电话,而且有点蹊跷。

"听起来不像是那个女孩子的父亲,说什么'这次的事情您家出了赔偿金,也就不再纠缠了,但其实还有更复杂的内情'。说我想知道的话就出来见他……我没搭理,但赔偿金什么的我还是第一次听说,赶紧问了先生,他什么都不承认。但后来我发现家里的银行存款少了,房子也被抵押了……"

但这通奇怪的电话究竟是谁打来的呢?有一天对方又打了过来,千鹤子也再次质问了对方,那个男的说:

"是您先生让我打的电话……"

这下更成了谜。

先生究竟有什么目的?千鹤子任凭男人还在说着什么,她只觉得被牵扯进了一个黑洞般的陷阱里,心里满是不安,脑子一片混乱。

然而,更让她受到打击的是,先生不断被暴露出来的男女关系,早在五年前就有了端倪。五年前,正好是婆婆Tune的痴呆症快速恶化的时候,千鹤子每天都忙着处理Tune随处留下的污秽物。

"我翻看了他的手账,几乎每隔三天就会见这个女孩子。他还天天说公司忙死了忙死了,我想着他辛苦,照顾婆婆的任务我一点也没给他压力,拼尽全力照顾好家里,结果呢?我那时候的辛苦,到底算什么啊!一想到这儿,我真是死的心都有了……"

更让千鹤子难以置信的是,先生和这名年轻女性频繁发生性关系,并且持续了很长一段时间。进之辅说,性生活就是生孩子的手段,既然有了孩子,那就不需要了,所以他和千鹤子几乎没有性生活。

"他从前就对这方面不是很热情,尤其是婆婆去世后,基本上就不行了,还怎么和年轻女性呢……不过,那封神秘的信里也说过'您先生有过比较猥琐的行为',我推测他们之间也不是正常的性关系……"

千鹤子在这里打住了,没有多说。后来我听经常和千鹤子沟通的心理医生说,进之辅的这种男女关系,其实也是基于和母亲的关系产生的复杂而微妙的人类情感。

"母亲去世后,他觉得夫妻关系也随着消失了,这背后其实暗含着,除了男女关系,进之辅希望太太能像妈妈那样宠着他,可以让他说'你抱一抱我'。虽然他在外面是能力很强的男性,但在内心里,他一直没有脱离对母亲的依恋,所以母亲走后,他希望太太成为母亲的替代角色。"

失去母亲这个支柱

Tune 在老年痴呆的世界里苦苦挣扎很久后,离开了这个世界。进之辅把 Tune 生前常用的弦柱放在自己的护身符袋子里,悄悄装进了西服的口袋。那是琴身上固定琴弦的小道具,呈"人"字形。

他也毫不遮掩地和身边人说:"我没想到自己会这么思念母亲,好难受,连工作也没办法全身心投入。"没有一丝难为情。进之辅马上就到退休年龄了,按理说对生离死别这些应该比较通透了,但他的表达完全是难舍难分的恋母情结,就像小孩子对母亲的眷恋那般。

母亲对进之辅的影响太大了,所以母亲的离世也让进之辅像失去了人生支柱一样,整个人迅速崩溃。

千鹤子说:"我自己私心里,一直沉迷于好媳妇的'人设',所以才毫无怨言地照顾婆婆,也是想着婆婆百年后,先生应该很感激我。如果是这样,那所有的辛苦都值得了。我心里大概一直这么期待着吧,没想到现实完全相反……"

进之辅在母亲离开后,不断指责千鹤子:"都是你杀了我妈!都是因为你照顾得不好!"从那时候起,千鹤子就隐约感觉到进之辅的精神状态有些问题。

千鹤子说:"差不多是他同期员工做了高层那段时间,他动不动就说什么想死啊,点把火杀了他之类的,听起来前言不搭后语。"进之辅因为牵扯到暴力团伙的丑闻事件被降职,后来经过各种周旋和疏通，好不容易回到了第一线，但自己设想的项目一再没有得到认可，晋升速度也大受影响。与此同时，和他一样毕业于东大的同期员工，早早被内定为董事局成员，对他打击特别大。

"其实就是嫉妒人家，总说要杀了那家伙，今天就要杀了他，还邀请对方去打高尔夫球。出门的时候也一脸认真地说，要拿高尔夫球棒打死他。"

千鹤子心里虽然想着应该不会吧，但不看到先生从球场平安到家，她就坐立不安。

夜里，进之辅垂头丧气地回来了。

"先生很沮丧地说，今天也没能干掉他……然后又说：'下次要用刀，必须一鼓作气干掉，决不能失败。从前面插进去的话会碰到骨头，要从旁边插进去，切断动脉……'他反复念叨着，说得非常严肃，又想起来似的对着我说：'你呢，就用菜刀一下子杀死，肯定很爽。'太恐怖了……"

千鹤子担心先生在公司的名声比想象中还要糟糕，她纠结了很久，终于有一天下定决心，找了位先生的同事打听。

对方说："我也发现他在公司里不太正常。他不只对一个人说过'我一个人杀的话罪行比较重，你和我一起干吧'，还突然说什么'桌子在动！有地震'，但什么都没发生，搞得一阵骚乱。过了会儿，他又突然陷入消沉，盯着一个地方一直看。"

那时候，进之辅说"为了表达对母亲的感恩，绝不再亲近女人的身体"，就和千鹤子分房睡了。千鹤子一想到先生曾说过要用菜刀杀死她，就怕得不得了，给自己的房间上了锁。但有一天深夜，进之辅突然要闯进来。

"喂！开门！你给我出来！他喊得好大声，把门也敲得砰砰响，又跑到院子里，使劲摇窗户，玻璃都快被他摇碎了，我吓得腿直发抖……"

但千鹤子还是把自己的身体送到了这样的先生面前，她其实是想用这样的方式安抚他狂躁的情绪。

"他已经不能正常地过性生活了，身体完全不受控制，我想着，要是能让他发泄一下，应该多少可以……我安慰自己，这也是对他的爱情吧，但其实不过是一再被背叛而已，真是卑贱到尘埃里……"

崩溃的幸福神话

一个阳光和煦的秋日午后，我抵达了阪神私铁沿线的一个车站。从车站出来穿过商业街，步行大概二十分钟，是一片幽静的住宅区。进之辅和千鹤子的家就在这里。

当我转过没有人的马路拐角时，远远看到千鹤子已经站在路边等着我。也许是因为我提前告知了拜访时间吧。

"不好意思，让您专程跑一趟，我想着有些情况您还是得了解一下……"

千鹤子说着，带我进了家门。外观看上去不是很大很豪华的房子，进了玄关，地板和墙柱被护理得干净明亮，像是刚打磨好一样。房间里的家具摆设规整有序，每一寸空间都利用得刚刚好。从这些细节可以看出千鹤子是个一丝不苟的人，对所有事情都照顾得周全。

进之辅因为同期员工被提拔为董事局成员，精神大受打击。千鹤子说在那之后，他眼里另一个被视为敌人的同期员工，被派去了集团分公司，这让他的情绪稍微好了一点，状态比之前稳定些。

"老子才不去什么分公司！我还等着更厉害的地方挖我做更重要的职位呢。"进之辅还是颠来倒去地说着异想天开的大话，精神状态不时出现问题。

"我之前考虑着，趁他还没在公司出什么乱子，赶紧治疗一下，就想带他去看看精神科医生，但他死活不去。结果还不是在公司搞到没什么前途？我一狠心，就用了其他病因带他去了公司的专属医院，总算让他住了院。"

进之辅住院期间，家里的大女儿考上了东京的大学，千鹤子和二女儿两个人住在家里，生活总算恢复了一点平静。回顾前半生跌宕起伏的人生，此时，她总算稍微松了口气。

以下是她的自述：

婆婆活着的时候，附近的邻居谁见了我都要夸："您家先生对亲妈都不管不问，您可真是贤惠啊。"照顾婆婆最辛苦的时期，我还担任着孩子学校PTA的职务，自己也时常感慨："我这么尽心尽力，算是好媳妇、好老婆的模范吧。"自己也沉醉在这种滤镜里。如今想想，之所以这么能干，也是自己的一种欲望吧……

先生那段时间总说："我很忙，你不好好照顾老人的话，全家都很难。"从婆婆的痴呆症开始恶化一直到去世，刚好是公司进行大范围调整的时期。因为要照顾老人，家里

老去之路，女性之路

没办法继续招待客户，我也不能用私家车接送客人打高尔夫球，先生为此一筹莫展。他是公司高管，又是家里的顶梁柱，家里要照顾痴呆老人，对他的确非常不利。我一直担心，要是因为家里老人生病影响了先生的工作，实在太亏了，私心也希望先生能爬得更高一点。虽说不知道他到底能爬到哪一步，但我肯定要尽全力辅助他走得更远。于是，我尽量在先生面前隐瞒婆婆的病情，也不让他看到污秽的场面。可以说，我一个人承担了照顾婆婆的所有事情。

先生总说"你有一个能力强的老公，要感觉到很幸福"或者"有了我，你才有吃的"，我心里清楚确实是这样，也只能尽力做好自己该做的，所以才一心一意奉献到今天吧。我一直以为，照顾好婆婆，由此得到先生的爱，就是我唯一的幸福。

但是，随着年龄变大，我一点点看清了先生的真实面目，心里忍不住反问自己，我为什么要选择这样的婚姻？难道我要这样过完自己的一生吗……一想到这些，我就懊恼焦虑得不行。但我的这些想法又不能在女儿们面前流露一丝一毫，毕竟我要让她们尊重她们眼里了不起的爸爸，也要让她们相信爸爸妈妈是好夫妻、好父母……只是，为了粉饰这样的谎言，我又得继续辛苦下去。然而——

勤勤恳恳服侍婆婆和先生的三十五年岁月，到底有什么意义？

千鹤子平静地和我诉说起这个悄然崩溃的幸福神话。

再也不要奉献和隐忍

千鹤子拿出一册笔记本,她边说边翻看确认着笔记本上记录的年月日。

"给您看这种东西,实在太丢人了。"

她不好意思地打开其中的几页,上面写满了杂乱无序的小字。

某月某日。我难过得想死。打击!打击!打击!这到底是怎么回事!我竟然被骗了这么多年!我从开始到现在都这么爱他,一次谎话都没说过,我真是天底下最大的傻瓜。

这是千鹤子发现进之辅有情人那天写下的内容,之后的几篇,到处都写着"想死"这样的字眼。

某月某日。今天又发现了不得了的证据。我也得做个有骨气的人吧。想死的心更强烈了。

某月某日。结婚以来,我一直被强迫着要温柔,其实这温柔是被误导的,太可怕了。婆婆总是提醒我温柔的人才是好老婆,我也一直这么做,但现在越来越做不到了。好空虚。比起现在每天难以忍受的痛苦,我宁愿到死后的世界里受难。他是个可悲的人!天天就想着怎么干掉竞争对手,讨上司欢心,公司的钱也用到极致,在别人面前装得人五人六,最后只能自作自受!

都是很克制的表达,但每一篇都写满了对先生的仇恨,还有对死亡的向往。但是,三个月后的笔调陡然一转。

> 某月某日。必须先从自身开始做起。为了让他开心,我一直这么尽心尽力地付出,结果还不是遭到了这样的报复?要是他治不好,我还是要重复之前的生活。我自己也会很焦虑,可是有什么办法,我就是这种女人啊……

从这一篇开始,渐渐读不到千鹤子对先生的恨意了,她开始自责,甚至开始自我鼓励。

后来千鹤子的心理医生告诉我:"通常来讲,人在经过一些激烈的情绪爆发后,比如,哇哇地大吵大叫、哭着大喊'分手吧'这种歇斯底里的情况一过,人可以让自己恢复平静。哪怕心里被一股愤怒到极点的情绪包裹,也还是会被自身的情感所控制。比如,千鹤子就有一种坚定的信念,觉得自己必须做好妻子。加上她从小的家庭教育,父亲经历过战争年代这些也对她有很大的影响。"

千鹤子在小时候出门上学前,无论多么冰天雪地的严冬天气,父母都会让她先用冰水把走廊擦干净再出门。说话也一定要规规矩矩,有一点说错了都会被骂得很惨。这种少女时代就灌输在身上的规矩意识,锻炼了她的隐忍,也给她的婚后生活打下了根基。

而进之辅虽然在心理上对母亲难舍难分,可看到母亲得了老年痴呆的丑态后,他完全不理不顾,就像对待废弃物一样。千鹤子接受且原谅了这样的先生,只是一心一意做好妻子应尽的义务，却只等来了先生的背叛以及之后的发狂。回想自己的人生，千鹤子觉得自己苟延残喘地生活在现在的这个家里，就像身处阿修罗的住处一样可怕。阿修罗是古代印度的神，猜疑心强、嫉妒心强、执念极深。传说这个乐于争斗的神，潜伏在天堂与地狱、人类与恶魔畜生之间。奈良的兴福寺里有一座阿修罗像，但表情看起来纯真无瑕、安静稳重，像少女一般，完全看不出是感情那么激烈的神。

千鹤子把先生送到医院住下后，也终于能暂时卸下妻子的身份，开始摸索"活得更有尊严"的人生之路。

"其实女儿们能看出我在努力维护这个家，不想让她们失去对父亲的尊重。但她们现在也会说'你们分开吧'，好像懂得了父母的立场。我自己也因为照顾痴呆老人，反而和外面的世界联系了起来，并且开始一点点明白，我不应该只困在小小的躯壳里，而应该在社会上找到自己的立足之地。虽然我还没想好未来会怎么样，但至少不会再轻易提到死了……"

— 和 X 先生的对话 —

妻子们也有"发展权"

我记录了三位妻子的家庭生活。因为要照顾家里的痴呆老人，这生活显得异常艰辛。无论我用多少笔墨书写，都无法完全描绘出整个家庭经历的辛酸。

随着我这样一户一户实地走访，了解到更多家庭内部的沉重现实，我很自然地联想到，也许在全国各地的角角落落，还有更多的妻子被裹挟在这种无法言说的生活里。实际到底有多少人？很可能数量多得惊人，也超出想象。

于是，我们再次请教了智囊顾问 X 先生（多人代称），来倾听全国各地的妻子们发出的"无声的控诉"，尝试探讨她们的出路在何处。一边照顾着老人，一边面对着自身的衰老，她们该何去何从？

"女性通常在年轻的时候对未来抱有很多期待，一旦过了五十岁，很多人一下子找不到方向了。容颜老去，健康大不如前，孩子们也一个个独立，从身边离开。这时候猛然回头看看自己的前半生，会冷不防地吓一跳，觉得什么也没干，好像虚度了人生。况且，这一代人的意识里……" X 先生首先提出的问题是女性的意识，就像这个系列里的妻子们，当她们迈入五十岁，可能还要照顾超高龄的痴呆父母，她们是怎么想的呢？

其实，无论社会如何变迁，人类的意识总是难以改变，或者说比社会的变化滞后几步，能改变的部分极其有限。

"这里采访的五十岁左右的妻子们，都是接受战前教育的人。也就是说，贤妻良母主义的教育在她们身上留下了很重的痕迹，这种意识在她们心里根深蒂固，很难被推翻。而这种植根在心里的想法，与其说是意识，不如说是一种情结。即便理性分析后明白一点点，但感情上她们还是无所适从，难以逾越。就算社会发生了变化，她们还是抱着旧观念生活。"

比如，本系列里第三个案例中的千鹤子，她对婆婆和先生毫无怨言的付出，就是基于心里的这种观念。

又该如何解读这种付出呢？X先生这样说：

"日本人比其他国家的人更在意别人的眼光、别人的价值观以及别人的评价。即便他们内心有自己的价值观，也找到了适合自己的人生道路，想要按照自己的方式生活，可一旦涉及需要奉献的情况，他们还是会觉得这是'为了自己的奉献'，因为可以帮助自己成长，可以体现自己的人生价值。比如，希望让先生觉得自己是好老婆，不想让别人看到自己是坏儿媳……他们不断用别人的评价来规范自己，等到发现先生出轨，自己被背叛的时候，又不知道该怎么办了。原本，自我牺牲就是自我表现的表里不一。"

和千鹤子有类似想法的妻子不算少数，她们在先生的开心、先生的成功喜悦里找到自己的人生价值，也十分满足于这种"间接人生价值"。X先生进而讲到，是日本的企业利用了妻子们的贤内助作用，不断壮大了自己。

然而，生活在现代社会里的妻子们，不应该永远把先生的喜悦当作自己的目标，也不能始终满足于把自己束缚在家庭生活里。X先生提醒道："其实想想是很简单的事情，男人难以忍受一直做没有创造性的工作，过单调重复的人生，女人也一样。她们也有'发展权'，希望让自己不断成长，不断进步。如果把她们局限在家庭生活里，强行剥夺她们的机会，其实也是践踏了她们作为人的权利。"

"女性一旦进入各种社会关系，就不单单只接受先生的评价，她们会受到很多人的评价，进而不断提升自己，这样才能找到真正属于自己的人生价值。如今，大家都开始追求这样更人性化的生活方式了。以此为前提，我们才能继续探讨眼下面临的照顾痴呆老人的课题。"

和X先生的对话聊到这里，我们展开了对看护老人现状的讨论。

何为更有质量晚年的土壤？

"每个人都从婴儿开始成长，每个人也都会迎来自己的老年，衰老是人类无法避开的事实。可是，有很多日本人都有这样的潜在心理，认为要是不会变老就好了，能不去看望老人就不去。甚至还有人认为，把钱花在老人身上是浪费，因为他们的经济效益太低……"

X先生一面指出日本人对待衰老的态度失之偏颇，一面又揭示了另一个问题,那就是在日本这个国家,大家一方面觉得衰老是丑陋的,因为老人不产生价值,但另一方面,大家表面上看起来又十分尽职地赡养老人。

有数据显示,和美国、英国、丹麦、波兰、南斯拉夫①这五个国家相比,日本人和老人住在一起的比例是最高的。从这个数字似乎可以推断出,日本人与老人相处得比较好。但另一个数据显示,和老人分开居住的情况下,日本人的子女和老人见面频率最低。这说明了什么呢?

X先生解释说:"日本人的房子比较小,可年迈的父母和子女还是觉得最好不要分开住,连'一碗汤的距离'也不行。在国外,大家认为'和老人分开住很正常',在日本恰恰相反,认为'住在一起才合乎常理',结果住是住在一起了,家庭关系却十分别扭,最后还是闹到分开住。"

在此基础上,我联想到了一组调查数据,关于一九七六到一九七八年三年间老人的自杀人数,这是由东京都监察医务院主推的调查。数据显示,都内二十三个区六十岁以上的自杀人数达到了九百九十四人,其中独居老人有八十八人,夫妇一起生活的有八十七人,和独生子女一起生活的有十八人,而压倒性多数的六百二十八人,竟然是表面看起来很幸福的二世同堂甚至三世同堂的老人。

可能很多人认为,和孩子住在一起的老人数本来就多,自杀人数多也属于正常现象。然而,当我们把各类生活状态里的自杀人数放到老人总数里看一看百分比,就能清晰地发现问题。每

---

① 南斯拉夫于一九九二年解体,但本书成稿时南斯拉夫仍然存在。

一万个老人里，和子女孙辈住在一起的自杀老人有5.45人，超过了独居老人（3.33人）和夫妻一起生活的老人（1.65人）。

在这种可悲的数据背后，和老人住在一起却不照顾老人，一定会被外人指责为不孝子女。但是，在"别人的眼光"里过日子，也潜藏着问题。这里面首先没有考虑到妻子们的立场，毕竟是她们独自承受着照顾老人的重任；此外也有丈夫们的一意孤行，是他们强行要求和老人住在一起。

不过，最根本的问题还在于"如何接受老年的到来"，也许全社会对晚年的态度才是最需要解决的根本问题。X先生在对话中提到了瑞典的情况：

"瑞典人的共识是，每个人都有自己的人生，老人也要尽量独立生活，自己靠自己活下去，生病了就去医院，治不好就要做好和这个世界告别的准备。对于这一点，瑞典的老人们都能坦然接受。或者说正因为如此，分开住的老人和子女之间的家庭关系更显亲密，他们每天打电话，暑假在别墅一起度过愉快时光，和日本的家庭关系比起来显得十分温馨。勉强挤在一个屋檐下，最后反而可能闹得很僵。瑞典人不太这么做。"

这里不可忽视的一点是，瑞典的老人们之所以能这样从容地迎接自己的晚年，是因为全社会已经有了扎实的基础。首先，瑞典人已经在孩子的教育中渗透了这些理念。

比如，在瑞典的幼儿园里，老师会让孩子们在厨房里动手做自己的点心，还会用工具拆卸玩具，再让孩子们组装，让孩子用针线做指尖玩偶，等等。这些细节反映了瑞典人在教育方面倾注的心力，从幼儿时期彻底培养每个人成为"独立的人"。

"从幼儿时期的教育着手，培养他们生活独立，然后经济独立，在此基础上做到精神独立——只有把人的这些能力培养出来，才是迎接有质量晚年生活的大前提。在锻炼孩子们独立人格的过程中，学校也会邀请老人到学校一起享用餐食，让老人们给孩子们讲述他们经历的故事，加深彼此的沟通。只有这样才能培养全社会共通的老人观和人生观。具备了这样的社会条件，老人们才能独立生活。"

那些把老人视为"工业废弃物"，甚至是大麻烦的社会，应该无法培育出这样的土壤吧。这种社会里的妻子们一手接过照顾痴呆老人的重任，就注定只能生活在看不到希望的日子里……

为了让晚年生活更美更多彩

"按照现在的发展趋势，将来日本人的平均寿命很可能超过九十岁。到那时，我们就会进入三个三十年的人生时代。"X先生说。

意思是说，三十岁之前是自我培养时期，三十岁到六十岁是活跃时期，往后的三十年是收获人生果实、做人生总结的时期。

"如果在这个总结时期里，大家变成'大型垃圾'，陷入半身不遂、老年痴呆的状态，甚至自杀，这不仅是个人悲剧，也会变成全社会的经济负担，是负面影响很大的事情。"

以此为前提，我们知道个人努力固然重要，更关键的是，我们有必要创造更好的社会环境，让老年人在最后三十年也能活力焕发，活出人生价值。

X先生说："等平均寿命到了九十岁的时代，很可能是七十岁的孩子要照顾九十岁的父母,一旦这两个人都陷入需要照顾的状态,只能是五十岁的孙辈承担这个重任。如果是这样,那每家每户的生活该是多么艰难……简直不可想象。"

如果要创造一个让老人在最后三十年也能活出价值的社会环境,我们又可以怎么做呢?

"迎接更有质量的晚年生活,其实有一些通用的社会条件。"X先生提到了亲身经历的一件事。他曾在过去全日本老人自杀率最高的农村地区调查过相关背景。

调查显示,同样状况下,"不自杀的人"拥有以下几个共同特点:第一,持续担任某个职位;第二,会交朋友,也有朋友;第三,有自己的信仰,或者有自己坚定的人生观和人生目标。

以这个调查为线索,我们可以推断出,对老人来说,担任职务和与朋友交流是度过有活力的晚年生活的重要前提。同时,这也是预防老年痴呆患者在老年群体中不断增多的有效方法。排在第三的拥有人生目标,或许是因人而异的课题,但X先生仍旧认为,这个条件对于创造更好的社会来说极其必要。对此,我们可以提出哪些具体的对策呢?

"首先应该把退休年龄延长到七十岁。看看身边的人就能发现,很多六十岁的人依然精神矍铄,活力满满。虽说随着年龄增长,有人会有记忆力衰退的困扰,但他们有更丰富的人生阅历,从更大的格局作综合判断的能力也更强。记忆力这种事情交给电脑处理就好了,老年人应该担任更多有社会价值的职位。"

在目前社会福利设施和老人护理资源严重不足的情况下,必须继续充实这些领域,才能灵活调动老年人六十岁之后的人生,让他们安心生活于其中。

X先生还提到，单纯比较上门照顾瘫痪老人的家庭护工数量的话，每十万人里，瑞典达到了几百人，而日本只有区区十人。

"还有一点，我觉得也很重要。"X先生想指出的是家庭内部的男女性别分工问题。目前日本的现状是，女性撑起了家务和育儿，以及护理老人等重任，但女性作为人的天然权利——"走出家庭作为社会一员成长发展"的人生道路，几乎被阻断了。让女性进入社会发挥自己的能力，和朋友们沟通交流——这是女性们度过丰富多彩的晚年生活的关键。

妻子们在照顾老人的沉重生活里难以喘息，也为自己仅有一次的美好年华的逝去而无限惋惜。面对她们难以名状的控诉，如果我们不推进有实际作用的社会对策，等进入老龄化社会，也许男女将会一起陷入无助的状态吧。

― 读者来函 ―

死神在家门口等着

在"老去之路，女性之路"的报纸连载渐渐接近尾声的时候，我们也陆续收到了读者们的读后感和意见等来函。粗略数了一下，这些来函大概有一百多封。全部读完后我发现，系列里记录的那些要照护痴呆老人的女性们的苦楚，如今成为了很多家庭最为关心的事情之一，不会视为与自己无关的他人之事。来函的读者里，82%都是女性，她们当中有的要照顾年迈的公婆，有的对自身即将到来的衰老无所适从。这些中老年妻子们的声音，让人深切地感受到了她们的焦虑。

于是，我决定在加入与X先生对谈的同时，介绍其中一部分来函。

"我已经照顾七十一岁的老公十一年了。"这封信来自一位六十二岁的妻子。

我老公是个只热爱工作的人。他现在动作迟缓，有语言表达障碍，连自己穿脱衣服都困难，二十四小时里我一刻都不敢放松。护理是女人要承担的责任，我也一直很努力，但每天的日子就像死神在家门口等着，熟年①这个词对我来说没有任何意义，因为我完全不能休息。照顾完婆婆，再照顾老公，最后等来自己的可怜离世。真希望下辈子我能投胎做个男人，好好计划一下舒服的晚年生活。

另一位三十七岁的妻子写信说，家里有身患典型老年痴呆症的婆婆，常常开着煤气、水龙头不关，一旦家人说她，她就怪孙子。她还写下了婆婆大小便失禁，把家里弄得不堪入目的状况，接着说道：

> 每天这样照顾婆婆，结果指责我做得不够好的竟然是我七十三岁的公公。说什么"你又不是我们亲生的"，还没等我反驳一句，他就说"我知道你肚子里那点心思，真是个坏心眼的女人"，骂得特别难听，我都不知道哭了多少次。但一想到是我深爱的先生的父母，就坚持到了今天。对于自己的未来，我真是怕得不得了。

还有一位主妇（五十三岁）来函说，读了这个系列，让她想起了那些没日没夜照顾公婆的日子，当时先生的兄弟姐妹谁也不来探病，最后是她送走了两位老人。采访里的故事就是她自己的亲身经历，好多次都读到忍不住落泪。她说：

---

① 原来指壮年到老年之间的年龄段，后来渐渐指代六十至八十岁之间的年龄段。

在战争年代长大的我们，认为照顾父母是天经地义的事情，也很在意别人的眼光和评价，甚至还会和大家族的兄弟姐妹暗暗比较。如果只是照顾一天两天，当然做什么都心甘情愿，可照顾老人是漫长的过程，非常需要耐心。公公去世后，婆婆也紧跟着走了，我对他们也算是尽心尽力了。其实也是一种自我满足吧。他们走后，我突然间不知道做什么了，陷入了很空虚的状态。看看下一代人，我觉得不能指望他们还能这样来照顾我们了，很可能那时候都不是人来照顾人了。想想，我们可能是最后一代这样做的儿媳妇……

另一位五十八岁的主妇说，照顾瘫痪的婆婆五年五个月后，婆婆又得了老年痴呆，在九十一岁那年走的。前前后后，她服侍了婆婆三十年时间。

回忆起过往的辛劳，她说："婆婆是旧制女子高中毕业的女学生，心气很高，哪怕得了老年痴呆也不想依赖别人。我下班到家后，还得拿着扫帚打扫被她搞得脏兮兮的家里，我们又没钱专门雇人照顾她。一到寒冷的冬天，我每天都委屈得想哭。那时候也经常和婆婆吵架，她赌气说'我自己有争气的儿子，不用你这个儿媳妇照顾'，气得我眼泪哗哗地流。"

这个年代的妻子们虽说被婆婆绑住了女人最美好的岁月，但婆婆去世后，她们又都表达了对婆婆的怀念之情。来函里有这样说的：

不知道是不是一起住了三十年，自然而然动了情，婆婆竟然对我说："你啊，比其他人都贴心，你可别不管我，要照顾我到最后，给我送终啊……"虽然平时被她骂了不少，但她教给我的东西也很多，现在回想起来，点滴都很珍贵。三十年的辛劳，其实已经在我心里一点点淡化了……

话虽如此，这些数量繁多的来函还是让我们不禁想到，妻子们在人后流过的泪水肯定多得难以估量。

同行的人生路，很抱歉

很多中老年妻子都在信里提到自己一边照顾公婆，一边意识到自身也在逐渐衰老的问题。我读着这些来函，眼前浮现出她们为此而苦恼的身影。妻子们要如何消化这些苦恼呢？

我观察到的一个趋势是，她们大多数人都认为对家人的全身心奉献也有助于自身的成长，甚至会说服自己这么做，因为总有一天会等来回报。有一位六十一岁的女性提到，她和婆婆一起住了二十八年，最后十年里，婆婆完全陷入了痴呆状态，可她同时还要照顾有重度残疾的孩子，连她自己都感慨自己竟然能好好活到现在。

她说，年轻的时候读过一个叫"隐忍记"的故事，说儿媳妇在婆家生了病，不给婆家添麻烦是常识。一旦病了就要回娘家，治不好就要自觉离开婆家。她对这种隐忍大为惊叹。

付出了长年累月的辛苦后，她在信里这样总结：

> 我觉得自己还算是幸运的人。婆婆人很苛刻，嘴巴也不饶人，但她教会我很多事情，帮我找到了我的位置。经过这些劳苦，我的身心都得到了锻炼，也变得更健康。我有一句

话想对连载里的主人公说：那些认为不到一定年龄就无法活出自己的话，都是骗人的。辛苦总会有终点，到那时候，一切都会有回报。

另一位四十二岁的主妇也写道：

……无论婆婆怎么说我，我还是发自内心地认为，照顾婆婆是媳妇应尽的义务，只有完成这些义务，自己才能成长一步。每一天都在和自己作斗争，但为了营造轻松的家庭气氛，越是艰难，就越要下定决心努力。我想送给大家的一句话是："没有一个冬天无法逾越，春天一定会来的。"

然而，也有很多人对这些媳妇的奉献提出了质疑。

一位主妇（四十三岁）就来函说："要想改变（连载里记录的）那些悲惨现实，就必须创造更好的社会，让每一个人都活得有尊严，活出独一无二的人生。"

老年问题不仅是老人和照顾老人的家属无法回避的事情，也是和我们每一个人相关的问题，只有意识到这一点，改变才能发生。要想让孩子成长为独立的人，不能只关心他们的学习成绩，教他们做家务也非常重要。而且，女性也必须意识到，除了照顾先生，也要花更多心思来提升自己。

一位五十岁的主妇在来函里说，她在家里要照顾身心都有残疾的八十五岁老父亲，看到母亲逐渐衰老的无助和茫然，她也联想到了自己的未来，心里时常涌起一股难以压抑的怨怼。

女性的平均寿命更长，而且大部分妻子都比先生的年龄小，所以妻子们哪里只是背负着照顾老人的重任，她们还需要照顾先生的晚年。虽说夫妇同行人生路，但女性默默承担了一切。如果是这样，那女性的人生到底是为了什么呢？每个人都有自己独一无二的人生，即便是白头偕老的夫妻，彼此相互依偎相互扶持，一旦老年变得凄惨，也会觉得很过意不去吧。那些要照顾年迈先生的妻子们，作为独立的个体，应该也很想活出自己的人生吧。希望我们的国家能尽早推出相应的社会对策，来回应她们的苦恼和诉求。原本从"保卫国家"的角度来说，不应该讲这样的话，可现在我已经过了五十岁，我发自内心地这么想。

X先生读了来函后，忍不住感慨"大家都写得情真意切，一次次震撼了我"。

他说："从这些来函可以看出，很多人已经明确意识到，老年问题仅靠家庭的努力行不通。如果真的想好好关爱家人，我们必须谋求社会资源提供更多护理支持。在家庭还没有被拖垮前，如果不对这个问题敲响警钟，以后只会越来越严峻。"

不做"从军慰安妇"

很多读者对连载《阿修罗之家》的主人公千鹤子表达了同

情。她的婆婆和先生是典型的母子依附关系，当她尽心尽力为他们付出后，却只等到了先生的背叛。真是受尽苦难的前半生！来函里还有人给她写了安慰和鼓励的话语。

读了之后，我以为现实中和千鹤子有相似经历的妻子们，绝不是少数。

X先生说："大多数日本家庭都像这个'阿修罗之家'一样，不是靠夫妻关系，而是靠亲子关系紧密地结合在一起。也就是说，妻子除了照顾先生之外，还要整个揽下照顾公婆的责任。如果妻子不愿意照顾婆婆，也就等于自行切断了夫妻关系，所以妻子没有选择，只能背着沉重的包袱前行……"

来函中也有不少人对自己身处这种"妻子的立场"提出了看法，重新审视了自己的角色。一位五十四岁的主妇自称她是"最后的大和抚子[①]"，她说："为了先生，为了孩子，为了父母，我不停地牺牲自己，就像被挤在大石头中间的棉花一样无力。我们在战争时期接受的就是这种教育，但是，这不过是便宜了那些使唤我们的人而已啊！即便到现在，像《想成为你的奴隶》《圣母们的摇篮曲》这些歌，还在一味强调爱和奉献。姑娘们，千万不要被骗了啊！那就是女人们的靖国神社！只要我们活着，男人就要求我们奉献和服从，隐忍到极限，然后随意抛弃、践踏我们，还给我们戴上崇高的帽子，把我们推上祭祀的高台，这不过是他们常用的手段罢了！可就算我再生气，眼下的现实情况依然没有

[①] 性格文静、温柔稳重并且具有高尚美德的女性的代称，曾一度是日本父权社会意识形态中，遵守三从四德、相夫教子传统的日本女性的符号，偶尔也被用来广义地指代日本女性。

任何改变，不过是历史的重复而已。"

信里继续说："最恐怖的就是战争时期，军国主义的母亲们把儿子们送上战犯之路，大后方的妻子们把丈夫们送上血腥战场，最后让他们成为了侵略者和加害者。如今，妻子们又把丈夫们送上了经济战场，母亲们又把孩子们送上了考试战场，在后面支持他们、督促他们的不正是我们这些主妇吗？话虽如此，可在当下这个社会，为了生存下去，我们也不可能很快找到一个轻松的解决方法。不过，我们至少可以不再继续做先生和孩子的从军看护妇、从军慰安妇，不盲目去爬从天而降的空中云梯，而是从不可理喻的社会尺度里稍微抽身，用心发现真正'符合人性的活法'。我想，我们可以努力做到这一点。"

这位主妇最后还提到，如果有一天，先生的父母需要她来照顾的话，她并不打算独自承担这个重任。

可以看到，妻子们的想法正在发生变化。还有一些主妇在呼应这些倡导的基础上，结合自身经历提出了更为具体的意见。

一位四十一岁的主妇在来函里说："我的婚姻就是为了照顾婆婆而存在的。"她还提到婆婆去世后，她去了一家残疾人养老院做志愿者，大概一个月两次。

她说："以后，养老院这样的福利机构可能会越来越多，但养老院里的工作人员却拿着和劳动付出不成正比的薪酬。下一代的孩子们大多都很自私，考虑问题十分功利，很难指望他们去从事这样的工作。我听说西德①的大学在课程体系里有规定，要求

---

① 也被称为联邦德国，是一九四九年至一九九〇年两德统一期间德意志联邦共和国的简称。柏林墙倒塌后，西德和东德统一。

每个学生必须在四年时间里义务完成在养老院的无偿服务。"

之后,这位主妇把矛头对准了自己这一代人。

随着社会老龄化程度的加剧,个人照顾老人的能力终究有限,我们看到,这些重任都压在了女性身上。我觉得比起一个人累到极限,大家相互帮助更为必要且迫切。已经完成育儿任务的主妇们有那么多时间参加各种文化活动,学了那么丰富的生活课程,我想她们应该能抽出一部分时间陪老人说说话,参与基础的护理工作。毕竟每个人都要老去,如果能趁着自己健康时多做些服务老人的工作,也会在无形之中教育下一代人如何对待老年人。

我们当然没理由只呼吁女性参与到服务老人的志愿活动中,况且,只依靠无偿服务,志愿活动也很难一直维持下去。但妻子们一边照顾丈夫和父母,一边渴望活出自己的腐朽时代已经敲响了终止符!她们的声音在今天激起了巨大回响,成为无法绕开的社会议题。

Ⅱ

燃烧未尽的晚景

命运早有定数，但我内心的狂热，就像春天的潺潺溪流。我虽然老了，余下的时间也不多了，但我反而更想变得年轻，这种念头充溢着我的胸口……

写下这些句子的，是一位八十三岁的老妇人。她还写了一句：

在梦里，我全身心舒展开，是那么的自在，那么的美丽，就像一汪春水荡漾开来。

真香艳啊！每一个字都散发着性的气息。而另一位七十二岁的老妇人在梦醒后，写得更真切热烈：

无法满足的饥渴，被我悄悄藏在心底；
人生七十，只能燃烧那可怜残存的火苗；
有生之年，我多想再次尽情燃烧，作为女人，哪怕只有一次。

读了这些句子，我忍不住思考，老去，究竟意味着什么呢？
对这些走过苦难时代的女性们，我一边探寻着她们爱与性的人生轨迹，一边试图找到更人性化的生存之道。

— 春 水 —

"我喜欢你……"

从国铁的热海站下车，沿着伊豆的东海岸线向南走，翻过一座山路崎岖的小丘陵，养老院就出现在了眼前。海风仍旧带着寒意，但放眼望去，看不到边际的海天一色，已荡漾起浓浓的春意。

染就住在这家养老院里。她今年七十七岁了，但腰背格外挺拔，不像这个年龄的人。满头银发上架着一副眼镜，看起来是个知性优雅的老太太。

"我们怎么认识的吗？他啊，有一天，突然跟我表白。我呢，本来就是个没什么计划的人，或者说性子粗，不拘小节吧，觉得这种事情挺有意思的，所以说，一半是带着玩儿的心态，也可以说是动机不纯，嘻嘻嘻……"

染说着，用手帕遮住了嘴，似乎有点害羞。她说的"有一天"，是搬到这个养老院之前，她住在东京近郊另一家养老院的时候，也就是去年（一九八二年）秋天。

"老实说，我还清楚地记得日期呢，是十月十三日。"染的眼睛里泛起了一丝光亮。

"那天我吃完午饭,在养老院的聊天室读报纸。他走过来,突然对我说:'我太喜欢你了,想和你一起生活,我们从这里搬出去吧,去热海那边的另一家养老院,我们可以在那儿住二人间……'"

那个人,说的正是今年七十岁的新吉。染和新吉都加入了养老院的俳句同好会,偶尔在聚会上碰面,但没有更多的私交。

"那个人啊,在养老院是出了名的爱喝酒,经常耍酒疯。之前,我对他的了解就是时不时听说他'又喝晕了,醉得一塌糊涂',我对这些也没兴趣。所以,他跟我告白的时候,我真是吓了一跳。"

几天后,染在聊天室读报纸的时候,新吉又来了。

"他说什么来着,说'我就是想身边有个人,想一起生活,可以在我背痒的时候给我挠挠背'。然后我们聊了很多,没想到还挺聊得来。养老院这种地方,不是我说得不好听,尽是些有毛病的老头老太。但这个人不一样,我们聊到以前的很多东西时,他常常说:'这个啊,这个我也知道很多。'能聊到一起很不容易,后来他就越来越喜欢我,还每天晚上给我写信。"

"哇!还写信?"

"是啊,多的时候一天拿给我两封。我有时候也会回信。养老院人多嘴杂,我觉得这样挺刺激的,可有意思了,哈哈哈……"

"我好想看看这些信啊,真的。"

"不行不行,我会害羞的。真的不行,我没打算给任何人看。"

在一番讨价还价后，染从小心保管的纸袋子里拿出一封信给我看了。两张信纸，是染写给新吉的。开头是：

> 新吉，感谢你常常给我写信。每次一想起你，我就觉得很可怜（有点居高临下，还请原谅），我也不知道该如何是好。
> 我这个人没什么特别的优点，可你还这么真心爱我，我真的很感恩，也很开心。话虽如此，我还是很难做到你说的那样，抛下一切跟着你走。我作为母亲，没办法让孩子全力依赖，但儿子仍旧是我的精神寄托。一想到这个可怜的孩子，我真的不知道应该怎么办……

那时候，新吉一直劝染从旧养老院搬出去，和他搬到有夫妻房的新养老院，这样他们就能光明正大地住在一起，不必在意别人的眼光。

如果答应了新吉，等于事实上答应了和新吉再婚，但这么做，染最担心的是她和儿子之间的关系。

染的先生十六年前去世了，他们育有三个子女。信里提到的儿子是最小的孩子，也就是小儿子。染说这孩子从小就体弱多病，也是三个孩子里她最疼爱的一个。

大儿子和大女儿都各自有了家庭，算是离开了染的身边。小儿子读高中的那几年，反复住院出院，在治病期间认识了一个女孩子。后来两个人结了婚，可没过几年又离了。小儿子现在一个人生活，以看病休养为主，日子不算稳定。

如果和新吉迈入新生活，这个小儿子要怎么办呢？虽说这个儿子已经四十岁了，但染还是对他十分上心，不可能不管。她没办法一口答应新吉。这些纠结的烦恼，她全都诉诸笔端。

染在信里说：

曾经有很长一段时间，这个儿子就是我活着的意义。我只想治好他的病，但我现在已经七十岁了，发现自己心有余而力不足了……

新吉，

吾若见吾儿，吾跟吾儿走。思念远方人，深情留心间。

你还记得你也提到过这首歌吗？结果，这首歌的作者还是离开了自己心爱的人。

染在信里引用的歌是原阿佐绪[①]写的，她是阿罗罗木派[②]的女歌人，这个流派活跃于明治晚期到昭和初期。原阿佐绪被世人所熟知，是因为她和东北帝国大学的石原纯博士之间的恋情。石原博士当时因研究爱因斯坦的相对论而声名鹊起，他同时也是阿罗罗木派的歌人。一九二一年的夏天，两个人的恋爱情事在报纸上被大篇幅报道。

"和女歌人恋爱难以脱身，石原博士引咎辞职"之类的抢眼标题在社会新闻版面层出不穷。不仅如此，报道里还说原阿佐绪是三十五岁的半老徐娘。连她之前与两个男性同居

[①] 原阿佐绪（一八八八至一九六九），本名原浅尾，出生于宫城县的女歌人，作为大正时期的"三大闺秀和歌诗人"之一而闻名。
[②] 源流是正冈子规门下以伊藤左千夫为首的歌人组成的"根岸短歌会"，伊藤左千夫、斋藤茂吉分属于这个流派。

过、未婚先孕、自杀未遂、胸口留有刀痕这些私事也被抖搂了出来。

她的作品风格原本情感饱满，唯爱至上，但那时深陷于与博士的爱情之苦，写出了这样的句子：

彼此心相印，彼此各一方。远方互相望，余生多惆怅。

原本刻骨铭心的爱情，爱到彼此能豁出性命，到头来还是无法靠近，只能在遥远的地方相互守望，度过各自的余生。

一九二一年，不仅这场"不伦之恋"成为了当时的热点话题，还有财阀安田善次郎[1]、时任首相原敬[2]先后被暗杀等大事件发生。于是，像《我是河边的狗尾巴草》这些寄托了人们喜怒哀乐的船头小调，在小老百姓中间流传开来。染当时只有十六岁，正是情窦初开的年龄。这些激情浪漫的歌人们的恋爱，也在她的少女心里留下了鲜活生动的印象。

我也很痛苦。认识你之后，看了你写给我的信，我深深地喜欢上了你，喜欢得无法自拔，一想到你胸口就会疼痛。但我只能不停地对你说抱歉，请你原谅我。没有你在身边，我难以想象自己的生活要如何继续下去。我是个不怎么哭的人，可今晚我止不住地泪流。难道爱一个人，是一件这么难

---

[1] 安田善次郎（一八三八至一九二一），富山县富山市人，安田财阀创始人。
[2] 原敬（一八五六至一九二一），政治家，日本第十九任首相（内阁总理大臣），出生于岩手郡本宫村（今岩手县盛冈市）。

过的事情吗?

新吉,我喜欢你已经到了不能自已的地步。

爱你。

哭泣的染

在寂寞的人生路上相互拥抱

"我深深地喜欢上了你……一想到你胸口就会疼痛……我喜欢你已经到了不能自已的地步"——这真的是一位七十七岁老妇人写的信吗?简直像十六七岁少女展现其情怀的文字。染这种娇羞的思绪深深震撼了我,但更让人惊叹的事情还在后面。

"之后呢?你们开始通信后,后面怎么样啦?"

"其实也没什么,刚开始也就当成普通茶友,聚在一起喝喝茶,吃吃点心,都是这些事情。可能你会觉得没什么意义,但老年人的生活也就是这些事情。"

"嗯嗯。"

染身上穿着藏青色和服,上面点缀着精致的花纹,外面套了件竖条纹的和服外衣。她把手优雅地放在膝盖上,说着一口标准的东京腔,但比一般老年人的语速要快一些,一个字一个字蹦得轻快又好听。

"然后,我们就在茶会上聊了很多。那时候我们住的养老院在山上,附近有山谷啊山路啊,没什么人,羊倒是有一些。他就说很想去这些地方。"

"嗯嗯。"

"我跟着他去了。到了那儿，也没说什么，我们直接接吻了。"

"哎？"

"反正那里也没人，我们抱在一起……真的是，跟你说这些事情，哈哈……"

"没事没事。"

"大概是因为做了这些事情，我们更难分开了，越来越喜欢对方，感情升温很快。"

"这样的话，作为男性和女性，身体接触自然而然也就……"

"没有没有，之前的养老院里，男女房间分开的，我们只能在院子的长椅上坐一起，不过还是免不了被大家说闲话，乱七八糟的。你知道人都是这样……"

"所以，你们就搬到了这里的夫妻房？"

"其实我这个人啊，在过去很长一段时间，好像没对谁有过特别动心的感觉，一次也没有。但是吧，到了这把年纪，认识他之后，反而有了这样的感情。我就在想，也许是因为我本来就是个女人吧，也可能是被他唤醒了吧……真没想到我到了这个岁数还能有这种事情，是吧？也不知道是大家都这样，还是说我自己有问题。"

"和年龄没关系的，不过这种事情，你们还是有的对吧？"

"是啊。不过，大多数情况都不行，是他不行。"

"也不是一次都不行吧？"

"嗯，也不是，感情倒是非常到位，可一到关键时刻，就不太行。我还想着是不是他的身体有什么毛病。不过，我年纪也不小了，只要按照他说的做，感觉还是挺舒服的。"

"是吗？感觉很舒服吧？"

"嗯嗯嗯。哈哈哈。"

"所以说和年龄没关系。"

"嗯，是啊，不过呢，和他亲密的时候，我也说不上为什么，会有那么一瞬间在他身上看到我很想念的人，也能让自己找回身为女人的感觉。"

老年人的性生活是一个相对隐晦的话题，但染说起自己和新吉的性关系时，可以说到很深的程度，而且一点也不让人觉得不舒服。

通过染的"告白"，我隐约觉得，人对异性产生好感，那股燃烧起来的激情里，除了性带来的快乐，还让人感觉到自己正在真实地活着。而这种体验，没有年龄的界限。

如果单纯从年龄上把人区分为老年和青年，尤其是用"更年期""闭经"这些生理现象把女性定义为"失去了女人的资格"，实在是非常错误的观点。当我从眼前这个被访者口中亲耳听到活生生的描述时，我不得不修正自己之前的老人观和人生观。

只是，已经被大家称作"老奶奶"的染，之前又有着怎样的经历呢？

自由恋爱不被允许的年代

"我以前的先生吗?怎么说好呢,总之是个很无趣的人吧。我不是说认真不好,而是他一句玩笑都不会,真的是太无聊了。"

染说起她去世的先生良介,兴致一下子冷了下来。

"无趣的人,具体有哪些方面呢?"

"从哪儿说起好呢?我们在一起磕磕绊绊地生活了近四十年,他从来没跟我说过一句贴心话,如今回头看,我觉得这种婚姻实在太没意思了,具体的话……话说,我怎么一点也不记得我先生的事情了。"

染出生于东京。她的父亲是医生,还在国外待过,所以染的家里也是很西式的风格,这在当时极为罕见。染有三个姐姐,她是四姐妹里最小的孩子。母亲在染还是少女的时候就去世了,姐姐们也先后嫁了人,可以说,她是在父亲身边长大的。

"当时家里雇了人,也就是现在说的保姆,不过一个男的又当爹又当妈,对女孩子的关心肯定不会很细致。加上姐姐们上的是女校,接受的是贤妻良母式的教育,只有我去上了其他学校,是放养型的。"染这么告诉我。她提到的"其他学校"是日本当时新出现的一种学校,提倡自由主义教育。

从染小学毕业的一九一七年到昭和年代,刚好是日本"新教育运动"如火如荼的时期。那些没有当政的教育家们对文部省主导的一套官方教育模式极为不满,在理想主义的驱动下创建了一批私立学校,在日本的教育界引起了很大的震动。

这场运动的兴起，离不开一战后民主思潮的高涨，以及日本国内中产阶级的大幅增加（随之而来的社会地位的提升）等背景。泽柳政太郎①创办的成城学园②，羽仁もと子③创办的自由学园，西村伊作④创办的文化学院等都提出了独特的自由主义式教育方针，展开了一系列教育活动。

　　以前的女校都以培养贤妻良母为目标，连对学生的发型都作了严格规定，校服也多是和服加裤裙这样的搭配。不过染入学的时候，学校已经不对发型和服装作要求了，大多数学生还能穿当时罕见的西式服装上学。

　　这些学校不采用文部省的教科书，也不开设缝纫、茶道、花道等专为新娘设置的培训课程，取而代之的是英语、法语等必修课，用现代舞蹈课取代了体操课。在学校这些破天荒的举措下，染十分愉快地度过了自己的少女时代。

　　"不过，我父亲是非常严厉的人。当时流行社交舞，我跟他说我想学，结果他不答应，还对我说'绝对不许去'，连我一个人去看电影也不行……学校天天喊着'自由、自由'，但其实社会上连自由恋爱都还没放开。大正时代就是这个样子。"

---

① 泽柳政太郎（一八六五至一九二七），日本明治、大正时期的教育家，"实际教育学"的倡导者。历任文部省书记官、普通学务局长、高等师范学校校长、文部省副部长、京都帝国大学总长等职。
② 坐落于东京都世田谷区成城，由成城幼儿园、成城小学、成城中学（初中、高中）、成城大学（含研究生院）组成。"成城"一词取自中国《诗经》中的"哲夫成城"。
③ 羽仁もと子（一八七三至一九五七），被公认为日本第一位女记者。
④ 西村伊作（一八八四至一九六三），日本的教育家，也是代表大正和昭和时期的建筑家、画家、陶艺家、诗人。

也许是父亲不想让小女儿离开自己的身边，染直到二十多岁也没遇到过上门提亲的人。眼看着就要错过最佳结婚年龄了，父亲大学时代的好朋友才介绍了一个相亲对象，也就是染后来的先生良介。他当时在一所中学做英语教师。

"我当时算是剩女，对方也三十八岁了，最要命的是他身体不好。他家里人问医生，是留洋好还是赶紧结婚好，医生说最好不要出国，这才决定了结婚的事情。别看他年龄这么大，结婚前竟然一直和他妈妈，还有很早就同住的奶奶生活在一起，三个人的日子也没什么问题，只是这个人的想法太陈旧了。"

"那为什么和他结婚呢？"

"我当时就想着随便嫁给谁都行。"

虽说染接受了近代尊崇个性的教育，但作为女性，她还是非常顺从那个年代对女性的定义，认为女人结婚后拥有圆满的家庭才是幸福。一九三〇年，染和良介步入了婚姻，之后发生了九一八事变，黑暗的战争年代也开始转动起了齿轮。

寡淡婚姻的辛酸之情

染和良介在东京举办结婚典礼后，很快去了日光①度蜜月。

"怎么样呢？我是说那个事情……"

"那个啊，别看我先生三十八岁了，我后来一问，他还是个

---

① 位于日本栃木县西北部，是一个集山岳、湖沼、瀑布等自然风景与神社景观于一体的观光文化都市。

处男。加上身体不好，性格又呆板，他说朋友里玩弄女性的大有人在，只是他自己下定了决心，绝不做这样的事情。"

"那你自己呢？结婚前有没有发生了性关系的感情经历？"

"没有没有，一次也没有，单相思喜欢的人倒是有。不过啊，我从小就是个好奇心特别旺盛的人，我母亲嫁人的时候带过来好多春画，我在衣柜里发现了……"

"以前的家里好像都有很多这种东西吧。"

"是啊。有的是卷轴，有的做成了玩偶，还有浮世绘风格的。我一有空，就拿铅笔非常认真地临摹呢，哈哈……那时候也没有什么性教育，自己一边想象着，一边自然而然明白了一些。"

"那蜜月旅行呢？"

"我先生那个样子，一开始完全不上道啊。然后，我就说，那我在上面吧，嘿嘿……之后，我就一会儿这个动作一会儿那个动作。我先生后来才跟我说'你那个时候吓死我了'，大概没有新娘子会做这样的事情吧。"

到了一九三五年，经济渐渐变得不景气，只靠良介微薄收入的家里开始有点拮据。即便如此，良介也没打算让染来操持家庭开支。

"他说，把钱交给我就会乱花掉，所以他的工资绝不会交给我，连购买煤气的钱也是他每天按量给我一点点。直到后来他快不行了，也没改变过这种做法。"

良介本来就体弱多病，离世前的十三年间，基本瘫痪在床。不过瘫痪前病情突然恶化的那天，染紧急叫了救护车来家里。

"我一直知道先生把钱袋子藏在衣服里面，还用绳子系得紧紧的，救护人员来到家里时，我慌里慌张地用一把剪刀剪断了绳子,总算把钱和印章还有存折都捏在了自己手里,结婚以来这还是第一次。从那天起,我算是真正自由地用上了家里的钱。"

良介虽然身体不好,但作为家里的独生子,和母亲的关系十分亲密。不过婚后仅仅一年,母亲就去世了。

"所以我也没体验过大家经常说的婆媳矛盾。先生呢,大概觉得自己是病人,理所当然地把他自己看得最重要,要是不以他为中心,他就不开心。真的是太任性了。"

"那性生活基本也很寡淡了。"

"是啊。反正作为夫妻,不至于彼此憎恨、厌恶,但情意相投的感觉,可以说没有。"

很快二二六事变①爆发,紧接着是日军侵华战争、太平洋战争。时局激荡的日子里,染说她不是在抢着囤物资,就是带着家人疏散,仅抚养三个孩子,就已经让她筋疲力尽。

"这期间只有一次,我对先生产生了怜悯之情。"

"是什么原因?"

"是战争刚结束的时候,大半个东京都烧焦了,我也过了四十岁,之前还流掉了一个孩子。等安顿好回到家里,身体状况很差,心里又难过,整个人都跌入了谷底。他见到我这样,可能也很同情我吧。我看到他,也不由得感慨'这个人活到现在也真是不容易啊'。这么一想,两个人都瞬间可怜起对方,眼泪开始往

---

① 指一九三六年二月二十六日发生于日本东京的一次失败的政变,日本陆军的部分"皇道派"青年军官率领数名士兵,刺杀政府及军方高级成员中的"统制派"意识形态对手与反对者。政变最终失败,直接参与者多被判处死刑。二二六事变是日本近代史上最大的一次叛乱行动,也是二十世纪三十年代日本法西斯主义发展的重要事件。

下流……"

染说到这里，突然停了下来。

虽然有幸福的家庭

良介原本就有慢性病，后来因为高血压而半身不遂，在家里长年卧床不起。这种居家治病生活的开始，也是日本刚从战后复兴期走出来的时候。

"他的体形比普通人高大，把他放到被子里对我来说就是重体力活儿了。加上他这个人也不懂幽默，一有什么不如意，一句话也不跟我说，跟不认识我一样，太不懂事了，所以我生活里没什么开心的事情。不过，我还是一直照顾他到最后。"

先生瘫痪后，染的大儿子从艺术大学毕业了，去了法国留学，在当地结了婚，拿了永居身份，大女儿也嫁了人，小儿子则一直住院疗养。孩子们基本上算是各自独立，不需要染花费太多精力了。

之后，先生去世了。

大儿子有次回国，处理了染和先生以前住的房子，卖的钱分给了染和两个弟妹，又回了法国。在那之后，染便孑然一人。

"没多久我病了，女儿跟我说：'到我那儿住吧，我可以照顾你……'我就去她那儿住了下来。女儿出嫁前和我很亲密，不过，住到一起才暴露了很多问题，只有前几天相安无事……"

女儿的老公是汽车公司的销售人员，他们婚后买了一间面积超大的公寓，在千叶县一个新兴住宅区，一家四口生活在这里。

"房子是挺大的，不过我基本上会把自己关在外孙的房间里。客厅大约二十张榻榻米的大小，有沙发和电视机，但当家的好像不是很喜欢我待在客厅，他也不会对我说可以看看电视什么的。我就一直在外孙的屋里，把他所有书都读了个遍，连童话书都看了，最后还是没什么事情做，只能傻傻待着……"

不知道是不是染多虑了，住在女儿家的日子一天比一天难挨。染怎么也没想到的是，自己亲生的女儿和外孙，也逐渐和女婿一个鼻孔出气，结果全家人都开始觉得她是个麻烦。

"夜里我想上厕所，从外孙的房间小心地走出来，但女儿和女婿两个人好像在暗处监视我一样，连我洗手的水声都介意。女婿偶尔早下班回家一起吃晚饭的日子最讨厌了。所有人都得规规矩矩坐好，我还没吸一下鼻子呢，他就说'脏死了''吵死了'，还生气！"

听到染的这些抱怨，我倒是想起了加津枝，和染有着相似经历的老妇人。

今年七十二岁的加津枝育有三个子女，先生去世后，她和大儿子一家人住在一起。结果没想到，不单儿媳妇不欢迎她，连她以为可以依靠的儿子和孙子后来也拿她当外人。

"他们一家三口出去玩了五天四夜，竟然把煤气和水电全都断了，让我随便去哪儿住几天。我一个人待在家里的时候，他们还用胶带把电话缠起来不让我用……一家人住在一起，简直到了人人都神经衰弱的地步。我有时候一个人坐在屋子里，真是恼火得不得了。"

每到这种时候，加津枝就在自己房间里，拿剪刀扎推拉门的纸窗，像扔飞镖一样。

"剪刀会把推拉门的糊纸扎破,但那一瞬间是我最爽的时候。破了之后再拿彩色印花纸漂漂亮亮地补上去,所以推拉门到处都是小块的剪纸。"加津枝说着,无奈地笑起来。

> 下辈子转世,我要实现所有梦想,
> 如今在这里一天天老去,命如薄纸。

这是加津枝写的歌。外人眼里看起来其乐融融的幸福一家人,背后不过是被视为无法产生价值的老人们。他们拥有的,只有无尽的孤独。

染寻思着给自己找一家养老院。

人生谢幕的生之悲哀

在女儿和女婿家里,谁也不会主动和染说句话,这让她每天如坐针毡,惴惴不安。刚开始她还把这些孤独和郁闷写在笔记里,后来越写越生气,觉得自己这样排解情绪实在太可怜,索性就放弃了。

"我那时候每天去老人活动中心玩,也可以转换一下心情,但回家路上经常忍不住想:'真不想回到那个地方啊,要是这样子在路上死了多好……'"

也就是那段时间,染开始认真找起了养老院,就此踏上独自面对人生归途的旅程,也邂逅了新吉。

而新吉也承受着无边的孤独。

新吉的老家在宫城县一个小乡村，他原本和当地一个姑娘结了婚。但战败后，时局混乱，家里穷得叮当响，他一个人去了东京找工作，之后的三十年间，他一次也没回去过，更没见过妻子。

"当然很想回去看看啊，怎么说我和老婆也不是闹别扭分开的。但是啊，父母早就不在了，老婆一个人把孩子拉扯大，儿子又娶了媳妇，还生了孙子，我现在回去，不就是菊池宽[1]写的《父归》[2]吗？实在没脸回去。其实三年前的正月里，我回去过一次，但住在了旅店，又悄悄回了东京。"

新吉说，他家以前在当地经营着规模不小的生意，但自己是独生子，被宠坏了，不学无术，游手好闲。战争结束后，他去东京打拼了一段时间，做土木建筑的粗活，也赚了点钱，翅膀一点点硬了起来。

染说，她问过新吉为什么没回到妻子身边，新吉含糊其词，说是因为东京的生活太舒服了啊。不过那时候他在工作上风生水起，估计和女人的关系也乱七八糟吧。

"他啊，特别爱吃醋。我在养老院和其他男的哪怕说句话，他都醋意大发，但我问他一些女人的事情，他就嗯嗯啊啊、支支吾吾，估计他有不少感情经历。"

后来，新吉沉溺于酗酒，喝坏了身子。那段日子对他的身心

---

[1] 菊池宽（一八八八至一九四八），日本小说家、剧作家、记者，出生于日本香川县高松市。《文艺春秋》的创始人。
[2] 菊池宽发表于一九一七年的作品，描写明治末期一个小市民家庭内部的矛盾和冲突。大意是二十年前抛妻弃子，离家外出一直杳无音讯的黑田宗太郎突然归来，搅乱了小康之家的平静。

都打击巨大。在医院住了整整六年，他的状态才慢慢恢复过来，之后就搬到了养老院。

"刚搬进养老院的时候，通过院长的联系，我老婆带着儿子来看过我一次，也就那一次。那还是我第一次见到长大成人的儿子，我和他打招呼说：'真是长大了啊。'结果他只是冷淡地回我一句：'都是妈妈的功劳。'我猜，肯定是他妈跟他说了，别认这个人当父亲。算了，我只希望我死了之后，他能过来把我的骨灰领回去，安葬在我父母旁边。"

就这样迎来人生尾声的染和新吉，如今一起生活在养老院的双人间里，算是名义上的夫妻关系。新吉说："站在女人的角度来看，老家的妻子真的很可怜。跟我这样的人结下姻缘，耽误了她最好的时候。"语气里可以感受到新吉深深的望乡之情，但他还是决定和染在这里度过余生。

染说："我也有家人啊，但心里总觉得缺了一块，怎么都填不满。没想到这个岁数，还能有这样的体验，简直像晴空里的霹雳，给了我很大震撼。我的身体感受让我觉得，我以前好像不知道做女人的滋味。两个人生活在一起，朝夕相处，难免会被他嫌弃、讨厌，但他心里还是很依赖我。要是我回他一句'我也很讨厌你'，那他不是要一个人孤苦伶仃地死去吗？想想也怪可怜的。我终究还是个重感情的人。我也活不了多少年了，但就算在一起的时间不多，我也希望和他快快乐乐地过到最后。我真心觉得，自己能活着，挺好。"

— 余生的梦想 —

伤了掌上明珠的心

一九三〇年,志穗和第一任先生结了婚。

在那之前,志穗和家人住在大阪市内,而对方只是住在家附近一个纺织公司单身宿舍的男青年。因为在早晚通勤的电车上对志穗一见钟情,他直接提出了交往的意愿。

志穗家境好,祖上继承了不少土地,只靠出租房屋就能有丰厚收入。本来上面还有一个姐姐,但小时候死了,志穗被父母当作独生女抚养大,十分受宠。

"现在回想起来,我那时候就是所谓的掌上明珠,这其实对我的身心发育都不好。青春期的时候,身边的女孩子都心痒痒想交异性朋友,但我说实话,对男生一点兴趣都没有,完全沉迷在宝塚[①]的世界里。"如今已经七十三岁的志穗回忆道。

宝塚是一个温泉小镇,位于兵库县六甲山东面山脚下,清澈

[①] 宝塚歌剧团,一九一四年由日本阪急公司创始人小林一三创立的大型歌舞剧团。本部位于兵库县宝塚市,团员全部为未婚的女性。视觉效果以华丽、细腻为主,再加上女性扮演男性所特有的优雅与俊朗,坚持"清纯、端庄、优美"的座右铭,形成了一种独特而富有魅力的演剧文化与女性文化。

的溪流穿城而过。一九一〇年,箕面有马电车①开始运行,玩具一样可爱的电车车厢在宝塚和大阪之间叮铃哐啷地开动起来。如今客流繁忙的阪急电铁就是这样诞生的,但当时创建公司的小林一三苦恼于没有乘客愿意坐到终点站的宝塚,那里的温泉实在太具有乡土气息了。为了吸引更多乘客,他想到了建设娱乐场所,还可以让少女歌舞团表演助兴。

一九一三年,宝塚少女歌舞团登台做了第一场公演。这些小学毕业的姑娘们从小仓《百人一首》②里取了艺名,拿着和大学毕业生一样的薪水,一时间成了热门话题,也渐渐赢得了大众欢迎。

志穗和男青年结婚的一九三〇年,宝塚的代表名曲《堇花盛开之时》已经响彻大街小巷,甚至传唱至今。人气女星天津乙女③、小夜福子④更是让众多像志穗这样的少女疯狂追捧。

志穗的父母刚开始强烈反对这桩婚事,但怎么也无法浇灭男青年的一片痴情,最后只好以入赘为折中条件,默认了两个人的姻缘。然而,谁也没预料到后面的失策。

"他人很认真,也老实,就是一喝了酒就性情大变。他每次喝得醉醺醺地回到家,肯定会在玄关大吵大闹一番。我父亲本来

---

① 一九〇七年由小林一三创建。梅田至宝塚(宝塚本线)和茨木至箕面(阪急箕面线)为最先开通的线路。
② 原指日本镰仓时代歌人藤原定家的私撰和歌集。藤原定家挑选了一百位歌人的各一首作品,汇编成集,因而得名。今日的"百人一首"多指印有《百人一首》和歌的纸牌,或是用这种纸牌来玩耍的游戏。
③ 天津乙女(一九〇五至一九八〇),本名鸟居荣子,宝塚歌剧团月组组长,后成为剧团理事。与后辈春日野八千代同被称为"宝塚的至宝"。
④ 小夜福子(一九〇九至一九八九),本名东乡富美子,宝塚歌剧团月组男役。

就讨厌喝酒的人，一看到他这副模样，很生气地说：'我辛辛苦苦养大的女儿，怎么嫁给你遭这种罪！'我和母亲只能夹在中间不停地当和事佬。"

这个"倒插门"的女婿平时在家少不了被岳父大人压制，加上当时说好的承诺好像也一直没能兑现，日子久了，变得越来越不像话。但志穗对这段婚姻产生抵触情绪，不全是因为先生这种游戏人生的态度。

"也可能是当时年轻气盛，他在性生活方面很少考虑我的感受，一点也不温柔。我本来就成熟得晚，这方面不开窍，那时候确实被他吓到了。这种恐惧，加上他和父亲之间的冲突，搞得我快要神经衰弱了……"

被伤透了心的志穗有一天竟然试图自杀。她把烟灰烧了烧，全部吞了下去。结果没死成，反倒受了不少罪。先生知道后，非但没有关心，还冷嘲热讽地说："你这是演戏给谁看呢！"态度没有丝毫好转。志穗对这种生活心力交瘁，绝望透顶，下定决心要分手。婚后不到一年时间，两个人的关系就破裂了。

讽刺的是，志穗自杀未遂被抢救回来的时候，被医生检查出来怀孕了！但她还是选择和先生分开，独自生下孩子。

"男人都一样懦弱，我当时想，如果生下来是个男孩儿，就送给别人寄养好了，结果生下来是个女孩子，长得白白净净，就像洁白无瑕的鸡蛋上粘着可可爱爱的鼻子眼睛，太惹人怜爱了！见到她的一瞬间我就爱得不得了，打算和这个孩子相依为命，好好过完这一辈子！"

但不知道是不是女人天生命运多舛，志穗离婚后一个人含辛茹苦把孩子养到九岁，正是最可爱的年纪，孩子却死了。那时候日军侵华战争已经白热化,很快就要进入太平洋战争的黑暗之中。

温柔中的冷漠

孩子去世后,大概有一年时间,志穗一直在家里闭门不出,像梦游患者一样过得魂不守舍。父母看在眼里,疼在心里,时不时也劝她考虑一下再婚,但志穗完全没这个心思。

"和前夫的性生活太痛苦了,搞得我一到晚上就害怕。我再也不想结婚了,要是父母允许,我觉得一辈子和他们住在一起,陪着他们也可以。"

说是这么说,志穗那一年都三十三岁了,父母也渐渐老了。有时候听到他们感慨:"一想到以后我们不在了,就你一个人,我们怎么能放心啊!"志穗心里开始动摇。

"我也不想做一个不孝的女儿,要是不趁着这个年纪把自己安顿好,大家都挺可怜的……"

最后,志穗总算愿意相亲,对方正是她的第二任丈夫敏正。敏正是一家大型跨国商贸公司的上班族,在羊毛部门工作,年轻时还被派到过澳大利亚,和当地的一个女生结了婚,但前几年离了。

"先生和前妻分开后,也没再考虑过其他女性,就想一个人过安稳日子。这些我也是后来才知道的。虽说没想过再婚什么的,但公司里的人总是起哄说'一个人不行啊',撺掇他去相亲。"

于是,太平洋战争最激烈的时候,志穗和大她八岁的敏正在东京结了婚,但没多久就遭到了那天夜里的大空袭①。

志穗说,敏正是个脑子聪明的人,品行也好,基本上挑不出毛病。婚后在工作上也很顺,很快就成了社长身边的得力干将,渐渐开始接触核心业务。

志穗说读书的时候"在女校接受了严格的妇道教育",婚后心甘情愿地服侍先生,外出时还会跟在先生后面一步的距离,附近的人交口称赞她是个好老婆。

但也许是敏正在国外长期居住过的原因,他在亲近的人面前也丝毫不松懈,表现出所谓的英国绅士作风,连妻子也绝对看不到他的素颜。对这位生活作风严谨的先生,志穗的心情格外复杂。

"加上我们的年龄差,感觉他更像一个大哥哥,而不是丈夫。他真的很温柔,绝对不会对我恶语相向,就算我气呼呼地和他吵架,他最多就说一句'真拿你没办法啊,生气也要有个限度',从来没有对我大嗓门过。但就是因为太温柔了,我才觉得无论他多么怜惜我、爱护我,我们之间总是有距离,有什么东西挡在中间,搞得我也很难和他任性撒娇什么的,因为他总是一副冷冰冰的态度。"

时间到了一九四五年五月,那天夜里的大空袭也烧毁了志穗夫妇的家。

战争时期,敏正的公司有军需业务,运营情况还不错,但战争结束后,社长被解雇了,企业也解散了,敏正也失了业。

---

① 指东京大轰炸,是二战期间美国陆军航空队对日本东京的一系列大规模战略轰炸。

在那之后辗转换了几家出名的贸易公司，但都没有遇到太好的机会，熬到退休年龄后，敏正在家做起了翻译工作，过着平静的日子。

不温不火的生活里，他和志穗的夫妻关系也褪去了曾经的隔阂，一点点有了静好的模样。

"我少女时代就发育得慢，对性一直不大有兴趣，和第一任先生的关系又别别扭扭的。我睡觉的时候喜欢在床上睡成个'大'字形，和先生一起睡肯定有点拘束，不是很喜欢。他也说，和我一起睡觉的话第二天会肩膀痛，还是分开睡吧。但我说毕竟是夫妻啊，他说没关系。结果，我们一直都是分床睡。不过，就算不在一个床上，想做那件事的时候，只要有一方主动开口也还是可以的，夫妻不就是这样嘛。说起来很奇怪，我四十八岁那年就闭经了，然后我先生说，你作为女人的任务也算完成了，之后我们各自解决吧。在那之后，他真的没再碰过我。"

人生的最后一幕

志穗和敏正之间没有孩子。两个人倒没有为那件事而各自太辛苦，反倒是随着年龄增加，敏正开始时不时念叨："要是我死了，留你一个人在这世上，我很不放心啊。"

但这件事还是发生了。曾经在光鲜的大公司里干得风生水起的敏正，战败后一直没找到体面的工作，在郁郁寡欢中先走了一步。

他留下了遗言，对志穗说，死后没必要找一堆人举办体面的葬礼，没有意义："只要你在我身边，帮我安葬好，就十分欣慰了。"志穗按照他的意思做了，独自一人守了夜，独自一人去了火葬场，独自一人捧着骨灰回到了空无一人的家。

志穗说："送走了他，我的任务也像是结束了一样。当时情绪也不好，一门心思想着，要不我也死了算了。毕竟一起生活了三十多年，不论他是什么样的人，这一走，我才觉得太寂寞了，寂寞得难以忍受，与其这么难受，还不如死了呢。"

在第一次婚姻里伤痕累累，志穗尝试过自杀，之后又遭遇了和心爱的独生女死别。

马上又是日本的战败。志穗目睹了B29轰炸机铺天盖地空袭了东京，自家住的房子一夜之间被烧成火海、不留一片残物的场景。所有经历累积在一起，志穗对生死有了不一样的看法，她其实经常思考关于死亡的事情。我听着志穗对往昔的回忆，明显感觉到她心里早就对"活着"这件事有了放弃的念头。

先生去世四年后的某一天，志穗一如往常窝在家里，恍恍惚惚，邻居实在看不过去，过来和她打了个招呼。后来，这个人又很热情地帮她联系了养老院，志穗这才下定决心在养老院里过完自己的余生。

这家位于千叶县的养老院，地处一座丘陵之上，可以俯瞰房总半岛的海岸线。附近没有一户人家，只有广阔的杂树林和农田。从海的那边看过来，这座四层建筑孤零零地矗立在小山上，反倒有点煞风景。

志穗把之前自住的房子转手给了别人，在酷热难耐的七月的某个下午，一个人搬到了这里。父母早就离开了她，膝下没有子女，志穗心里明白，在离开这个世界之前，她会在这里度过余生的每一天。然而，她自己也没想到，就在这个成为她人生最后舞台的养老院，她还上演了一段意料之外的剧情……

从车站开车大约十五分钟后，志穗在临近黄昏时到达了养老院。办完入住手续，她跟着工作人员来到三楼，她的住处在这一层，是个六张榻榻米大小的和式房间，地板上铺着单薄的地毯，靠墙的一面摆了张单人床。院里考虑到为方便老年人，在每个房间里单独配置了卫生间，还有简易厨房。虽说房间有点单调，但推开窗户，视野相当开阔。志穗的房间面朝西南，刚好可以看到落日余晖铺满海面的美景。

志穗稍微休息了会儿，晚饭时间去了一楼的餐厅。餐桌的摆设很舒服，无论坐哪个桌子都不拘谨，大家自然而然会和有眼缘的人坐在一起。

"就是入住第一天吃晚饭的时候，我和他很偶然地在餐桌上遇到了，他刚好坐我对面。不过他那天有点喝醉了，我也不是很擅长和人攀谈。"

那个喝醉的老头借着酒意拉着旁边的人喋喋不休地说起话来，谁都不放过，啰啰嗦嗦的，一会儿要给别人帮忙，一会儿话不投机了他嗓门又大起来。不过他个子小，人又瘦，倒不会给人压迫感。其他人好像也习惯了他这样，不但不生气，还反过来调侃他，觉得他很好玩。

"我当时看到他的样子，心里在想，这个人很可能和我一样很寂寞很孤独吧，真是可怜啊……"

这个老头就是让太郎，六十九岁，比志穗小四岁，也算是入住的老人里相对年轻的。他比志穗早三个月住进来，从刚开始到现在，每天都喝得晕晕乎乎的。

度过了潦草一生

　　志穗的直觉没有错。五年前，让太郎的妻子贵代去世了，他深受打击，到现在也没能从悲伤中走出来，所以才会在养老院里每天都喝得醉醺醺。

　　"我老婆的身体一直比我硬朗，结果竟然查出来是癌症。做了一次手术以为好了，没想到一年后复发，三个月后人就走了。自从她得病我就没睡好过觉，一直照顾她，能做的我都做了，这方面倒是没留什么遗憾，只是她离开了我才意识到，以后的日子真是让人绝望啊。说出来不怕你们笑话，我不知道流了多少眼泪……反正做什么事情都提不起精神，整天就想着要是我也死了就好了。结果家里的兄弟跟我说：'你可千万别自杀，我们还要脸面呢……'那我只能喝酒了。"

　　让太郎和贵代没有孩子，贵代这一走，让太郎孤苦伶仃。他和兄弟一起经营了一家小公司，三年前慢慢步入正轨后，他也不怎么去上班了。

　　"一个人在家里太闷了，我就怀念那些人多热闹的地方，特别想出门。车站啊，新宿的街道啊，我成天就在这些地方瞎晃悠，最后还不是跑去风月场所喝喝喝。喝得不省人事，索性在那里睡一觉……每天都这样，没有一点活下去的动力……"

　　让太郎说，小时候，他父母的关系很糟糕，在他最叛逆的青春期里，两个人离了婚，母亲离家出走了。让太郎不想和继母一起过，也离开了家。之后他不停地换工作，过着游戏人间的日子。

"那时候大环境不景气，有钱人和穷人的世界差别太大了。农村简直是饥饿的地狱，好多人家得卖女儿才能换到点粮食活下去。世道如此，很多血气方刚的年轻人感到十分愤慨，我也觉得'继续这么下去，这世界就完蛋了'，满腔热血，就参加了东京神田的地下共产主义运动，大家经常聚在一起开会。突然有一天被丸之内的警察抓了起来……"

左翼青年让太郎因为违反《治安管理处罚条例》被检举后，在警察局转向了。

"人年轻的时候，免不了不知道天高地厚，总想着要做点什么。不过，那时候我们被镇压得厉害，再说本身也没有十分坚定的理想信念，不过是想表达点诉求，为弱势群体发声，但后来我的想法发生了一百八十度的转变。"

让太郎通过熟人的介绍，认识了政党外某组织的一位男性，慢慢开始在这个组织里活跃起来。表面上，让太郎是一家二手书画店的店员，但背后却是参与政治活动的积极分子。在这个男性家附近的一个咖啡厅里，让太郎邂逅了贵代。她当时是咖啡厅的女服务员。

"那个年代，就算是情侣在公园里散步都会被盘查，只有在咖啡厅这种地方，年轻人才能稍微和异性自由接触。我经常去那里点一杯十钱[①]的咖啡，这才慢慢赢得了她的芳心……"

[①] 指日本历史上曾发行的一种辅助货币，面额为"一钱"，每一百枚价值一日元。一九五三年，日本政府颁布《小额通货整理法》，面额低于一日元的货币被废止，一钱硬币与其他小额货币皆退出流通领域。

之后过了半年，让太郎找认识的学生借了一天宿舍用，在那里第一次和贵代发生了关系。回想起当时的激动，如今六十九岁的让太郎像回味着昨天发生的事情一样，眼里闪着光亮。之后发生了二二六事变，"皇道派"将领率领士兵们在一个雪夜震荡了整个东京，紧接着发生了侵华战争。

一九二二年，"满蒙开拓团"①的移民政策正式开始实施。经济恐慌加剧了百姓的贫困，民不聊生，大批贫民被送到了中国。穷人们心怀天真幻想，以为能在新天地展开新生活，浩浩荡荡地移去了中国东北。让太郎和贵代也在其中。

"我们这种人，就像浮萍一样。在日本国内太艰难了，想着能在那边大干一场呢。"

后来的结果如何呢？我们已经听过太多关于"开拓团"的悲惨故事了。让太郎夫妇也一度挣扎在生死边缘。两个人不能生育，就领养了一个小婴儿，但这个可爱的孩子也是个短命的小可怜。从日本过来投奔贵代的妹妹，也因为营养不良病死了。等战争结束，夫妇俩重新踏上日本的土地时，怀里只不过多了两个小小的骨灰盒。

---

① 一九三一年九一八事变之后，日本正式从其本土向中国东北移民。一九三六年，日本广田内阁决议通过了所谓的"满洲移民开拓推进计划"，该计划打算在一九三六至一九五一年将五百万名日本人移居至中国东北。与此同时，也要建造一百万户移民住所。

从孤独地狱爬出来的两个人

战争结束后,让太郎辗转换过几份不同的工作,在租赁被子的店铺打杂、在东京都城外某组织担任事务专员、在西服店上班……听着这个学历不高、身无一技之长的中年落魄者的回忆,我眼前浮现出他前半生浮萍一样的日子。就这样,他艰难地维持着和贵代的底层生活。

"就算再苦,一想起在中国东北刚战败的日子,什么苦都不是苦了。毕竟后面的这些苦不至于性命攸关。那年八月十五日①的前几天,我还在当地被召集入伍,被派到了中国东北最前线。我们当天并不知道会播出《终战诏书》②,还被苏联军一路追杀,一直逃到了大兴安岭里面,几乎一个多月没有吃的东西,真的是人间地狱!好不容易和老婆团聚后,我又染上了伤寒……"

让太郎得伤寒的两个多月时间里,一度在死亡边缘徘徊,贵代在身边将他照顾得无微不至。一提起这些,让太郎就感动得说不出话来。

"虽说老婆做这些天经地义,但她那时候真的是拼尽全力照顾我,我真心觉得自己这条命是她救回来的。所以她被医生宣布得癌症的时候,我心里发誓,这次换我来照顾她,无论如何都要

---

① 指一九四五年八月十五日,日本宣布投降战败的日期。
② 指一九四五年八月十四日由昭和天皇亲自宣读并录音,十五日由日本放送协会对外广播的《终战诏书》。这是日本天皇的声音首次向公众播出,此诏书的广播又被称为"玉音放送"。

把她治好。结果,还是没能治好,哎……我啊,一直是个脆弱的人,所以怎么也没办法从这个打击中走出来。"

让太郎说着,拿出手绢擦了擦眼睛,努力抑制住涌出的泪水。

兜兜转转后,让太郎最终在某团体的事务局找到了一个职位,在那里一直做到了退休。后来日本进入了经济高速增长期,社会一片繁荣,但贵代还没来得及享受这些,就过完了自己微不足道的一生。

形单影只的让太郎像是陷入了孤独的深渊,打不起精神。他的亲弟弟看到他这副样子,心里十分担心,尤其是想到他年纪大了之后更凄凉,就张罗着给他找了养老院。

说起来,志穗在来到养老院的第一天和让太郎偶然地面对面坐在一起后,发生了什么呢?

"我把先生的灵位摆在了养老院的房间里,每天都对着他念经。他也把深爱着的夫人的特写照片挂在了房间的墙上,每次喝多了就逢人炫耀,说老婆是个大美人之类的……两个人心里都有各自挂念的人,不太可能对其他人有什么想法,但是……"志穗描述了两个人如何靠近后,我觉得可以形容为"彼此的呼吸像自带磁性一样,相互吸引"。这是我能想到的最合适的表达,但当事人也难以理解他们如何走到了这一步。

"入住的第一天我很胆怯,整个人都是蒙的,还没搞清楚这里的状况。他喝了点酒,主动和我打了招呼。我们聊了几句,我觉得还挺投缘。但他平时太爱喝酒了,总晕乎乎的,我不太想和他靠得这么近,不过后来还是渐渐熟识起来,彼此的话也多了起来。大概是第一次见面后过了一年,他有一天来到我房间里,突然严肃地跟我说从今天开始戒酒,说这是向我表明心意的证明,还希望我能守护他的这份心意……"

那天——志穗记忆中是"五月十五日中午",以此为界限,让太郎之后滴酒未沾。又过了一年,也是"五月十五日中午",让太郎这次对志穗说要戒烟,也真的做到了。

志穗说,那时候养老院里还没有人留意到他俩的密会,就算大白天在食堂或者走廊里遇到,两个人也装作不认识的样子,更不会多说一句话。

"不知什么时候,他把房间里的夫人照片给收了起来。我呢,老实说,也一点点减少了念经的次数,甚至常常到了睡觉才反应过来,啊,今天又忘记了……我还在心里一厢情愿地安慰自己说,在天国的老头子应该很欣慰有人对我这么好吧,有人这么照顾我,关心我,他在天国应该不会生气,还会为我开心呢……"

但七十三岁和六十九岁的两位老人,究竟是如何发展到这一步的呢?

往昔渐渐走远

让太郎的房间在三楼靠东边一面。推开窗户,可以看到杂树林更远处的海面波光粼粼。深褐色的树枝,海岸线的白色沙滩,都洋溢着春天的温暖气息。志穗的房间也在三楼,但是靠西南方向。

让太郎的头发略长,是接近白色的浅灰色,也符合他六十九岁的年龄,但他的脸部皮肤很有光泽,身上穿的茶色V领T恤,显得人更年轻了。志穗穿了件淡紫色的和服，虽说她个头娇小，但七十三岁的体形略显富态。她皮肤白皙，不知是原本如此，还是因为上了点淡妆。

让太郎说话的时候会兴奋地加入很多肢体动作，但志穗端端正正，跪在榻榻米上，双手放在膝盖上，身体纹丝不动。一动一静的反差，刚好就是两个人不同性格的表现。

"从前只爱喝酒，一点也不把女人放在眼里，但遇到她之后，我的想法有了动摇。哎，可能这就是所谓的缘分吧，兜兜转转总能相遇。后来聊得多了，慢慢了解到她的故事，有同病相怜的感觉，也有相互之间情投意合的成分……老天爷安排我们认识，大概就是命中注定的事情。"

听到让太郎动人的话语，志穗从旁边一直望着他的侧脸。那种眼神，像极了稳重的母亲看着长大成人的儿子一般。

志穗心里又是怎么想的呢？

"我本来就是欲望不强的人，后来老头子一走，我觉得人生也就这样了，剩下的无非是等死，那时候就是这么想的。所以我才天天念经，把这当成了每天必修的功课。不过啊，人心还真是难以预测的东西，我连自己的想法都很难了解清楚……也说不清是对死去的老头子薄情寡义，还是说这就是正常的变化，反正以前的事情好像一点点、一点点在我心里淡化了。我还开始觉得，可能老天爷在告诉我说：'你一个人太辛苦了，按照自己的心意去活吧。'"

两个人究竟如何走到一起的，谁也没有提到一些具体的事情，但听到他们这么说，我反而觉得那些细节不重要了。

也许就是，两个深受寂寞煎熬的人苦不堪言，也身心俱疲，在寻求外界帮助的时候相互看到了对方吧。他们彼此就像是对方的镜子，在对方身上看到了自己孤独落寞的身影，于是温柔地靠近了对方。这种听起来自然而然又浪漫至极的剧情，就真实地发生在这家养老院的角落里。

其实，养老院里交织的人情味儿，远远超出我们外面这些人的想象。

从刚开始的相遇，到一年后戒酒，再到两年后戒烟，让太郎用实际行动证明了他有多重视这份感情，这份真诚也打动了志穗的心，于是两个人的心理距离靠近了一大步。院长说，其实这个时候，他们也在"秘密策划"阻止两个人相互靠近。

消息不知是从哪个房间泄露的，院里开始有人传播谣言说，"那个女的（志穗）只是在寻找猎物，根本就不是真心的"，传来传去就传到了当事人的耳朵里。让太郎和志穗气坏了，冲到据说是谣言散播者的老人那里，发了一通脾气，但对方一口咬定"我什么都不知道"。可谣言还是越传越夸张，火上浇油般把两个人耍得团团转。

"人到了一定年纪啊，什么事情都看得更通透。有些事情真的是做梦也想不到会发生。这个情况，也算是给我们长了一个教训。"院长一再这么对我感慨着，毕竟处理这种事情是一件棘手且麻烦的工作。但这也反映了老人们的真实心理，他们努力压抑着内心燃烧未尽的激情，又孤独迷茫地度过余生。

但两位老人还是等来了得到大家祝福的那一天。

短暂的夜里燃烧着生命的热情

随着志穗和让太郎的关系越来越亲密,养老院里早早有人觉察到了苗头,风言风语越来越多,两个人在重重视线的包围下,即便很不舒服,也还是继续密会着。

养老院的晚餐是下午五点半开始,大家通常吃完饭后会回到房间喝一杯茶,差不多就到了晚上七点的新闻时间。让太郎常常在这个时间点开始行动。

"我轻轻地打开门,确认周围没有人,再悄悄地走出来。我俩的房间都在三楼,但中间要经过电梯。有时候我以为没人,就放心大胆地朝那边走,结果电梯突然停到三楼,门一开,有时候有人走出来。我掉头走回去又显得很奇怪,真是进退两难……"

这种感觉就像青春期最旺盛但也最压抑的情愫,总是需要费一番苦心才能到达志穗的房间。等夜晚过去,天一点点亮起来,他再悄悄回到自己的房间。

而夜里这几个小时的交融,短暂却充满了深情。也许是掩人耳目的紧张感,也许是两个人需求的强烈,激情之火在彼此间熊熊燃烧,绽放着强有力的生命音符。

志穗说:"我第一次结婚的时候,一到夜里就觉得很难熬。第二任老公呢,觉得夫妻间不过就是搭伙过日子,所以我也没体验过什么是做女人的幸福,对这事儿也不那么放在心上。和他在一起之后,这种愉悦感才更强烈……"

"是什么感觉呢?"

"嗯,该怎么说好呢?会觉得,原来我也可以有这种体验,原来这种感觉竟然隐藏在我身体里……我自己都觉得不可思议,太惊讶了!也只有一个人的时候,我才敢偷偷想,这就是女人身体的魔性吧……"

"前两次的婚姻里,从来没有过这种体验吗?"

"是啊,真的是这辈子第一次体验到这种感觉。之前都是通过相亲认识了对方,先生有需求了才……现在的感觉和之前完全不一样,是我们彼此喜欢。就算是一样的事情,我觉得做起来的感觉不一样……和他在一起,有种从心底被释放的感觉……"

志穗说着,突然提到了"庞贝古城"的话题。

公元七十九年八月二十四日,当时还是罗马帝国执政的时代,意大利南部那不勒斯市附近的维苏威山发生了火山大爆发,火山熔岩源源不断地流出,一直持续到第二天,火山灰完全淹没了山脚下的那不勒斯市。直到一八六〇年的考古挖掘,世人才从重见天日的遗址中了解了当时的生活情景,以及人们生活过的那个古代城市——庞贝古城。

"我以前听先生说过,庞贝古城的火山爆发是夜里发生的,所以挖出来的遗迹里发现好多夫妇躺在一起。当时他们正在享受夫妻间的欢愉吧,一瞬间就和枕边人一起去了另一个世界,但我觉得,没有什么事情比这个更幸福了……我现在明白了这种幸福的滋味。"

但与此同时,养老院里流言四起,与老人世界斗智斗勇的两个人真是伤透了脑筋,最后终于在院长的游说下决心正式成为夫妻。两边都膝下无子,只要自己下定了决心,余下的事情就能顺利解决。

两个人犹豫着低调地完成这件事就好，但院长和工作人员们都纷纷鼓励他们，不如大大方方地进行，仪式要办，婚宴也要办。

于是，十月的一个良辰吉日，两个人迎来了盛大的结婚典礼。地点定在了附近一个镇的小神社里，从养老院开车过去大概二十分钟。

那天从早上开始就风和日丽，房总半岛的海面和天空都清澈如洗。

上午十点，七十三岁的新娘和六十九岁的新郎打头阵，和作为证婚人的理事长、院长、事务长、宿舍长、护士、厨师六人一起坐上了养老院的小型巴士，一起出发前往神社。

被祝福的老去之路

搭乘巴士抵达结婚典礼现场的八位老人，先去了神社事务所的休息室，稍微休整后，在神官的引导下，跟在新郎新娘后边，静静地朝主会场走去。志穗穿着花纹图案的连衣裙，整个人闪闪发光，让太郎穿着深蓝色西装，院长、宿舍长、护士和厨师跟在后面。

全员在神社主殿前整齐地站了一排后，神官先给大家净身祛了秽，奏了祝词，然后严格按照三三九度[①]的流程推进着仪式。

[①] 指神前式婚礼中三献仪式的流程。新人们会用大、中、小三种不同的酒杯喝巫女斟上的酒，三种形状不同的酒杯象征着天、地、人，新郎新娘轮流各喝三巡，总共九次。

接着，两人宣读了誓词：

在某某神社前，新郎让太郎、新娘志穗在此结为夫妻，举行仪式，在神的面前，我们发誓永永远远和睦相扶，无论发生什么都夫妻同心。

让太郎激动的声音微微颤抖着，一直传到神社的杂树林中，回荡在一片静穆里。仪式持续了三十分钟，最后院长让两位主角站在神社前拍了纪念照片。

"看镜头！两位再亲昵一点，可以牵着手！"

志穗有点害羞，没有照做，但还是微微朝让太郎那边靠了靠，笑得一脸灿烂。

一行人从神社回去的途中，院长说，镇上一家寿司店的四位师傅正在来院里的路上。

"都是我的熟人。毕竟是值得庆贺的大喜事，虽说没有预算，但食材费还是拿得出，我就拜托他们能不能简单操办，结果对方说放心，交给他们。"

平时安安静静的食堂一下子变为婚宴现场，看起来像是志愿者们支起来的寿司摊。养老院的老人们、工作人员们都聚了起来，连刚好来办事的客户们也想凑个热闹，熙熙攘攘聚集了八十多人。还有不少人穿了正装，围着桌子坐了个"コ"字形，和平日的食堂画风截然不同。

下午三点，一名女职员站在电梯前，宣布婚宴正式开始。随着《婚礼进行曲》的前奏欢快地响起，新郎新娘在工作人员的陪伴下，缓缓从食堂旁边的厨房里走出来。大家激动地鼓起掌来，一片沸腾中,让太郎和志穗一步一步朝舞台中间走去,脸上洋溢着幸福的神采。

嘉宾祝词、切蛋糕、干杯……搭配着久违的手握寿司,只需要一点点酒精,老人们就能瞬间嗨起来。院里还提前准备了好用的卡拉OK设备,大家唱起了让人怀念的老歌,还有些高手唱起了小曲和端曲[①]。美好的祝福夹杂在此起彼伏的歌声中,频频送给两位主角。气氛很快被推向了高潮。"祝福你们!""太好了!""谢谢大家!""谢谢你们!"让太郎和志穗忍不住流下开心的泪水,几度哽咽。

老人们排成两列,把手高高举起,搭了一座拱廊,让两个人从下面穿过去,走到玄关。外面等着他们的是一辆奔驰车,这辆车是给养老院送牛奶的老板最引以为傲的爱车。

新郎新娘坐上奔驰,车后面用绳子串了几个空牛奶罐。在大家的欢声笑语中,奔驰绝尘而去,一路开下山丘,朝市区飞奔。狭窄的街区道路上,奔驰轰隆隆的马达声更显欢快,最后直达车站旁的旅馆。这里是盛大日子的终点,也是新婚旅行的洞房地点。

大家都说,从来没见过志穗笑得这么开心。七十三岁的新娘如今非常享受新婚生活。虽然还是和之前一样住在各自的房间里,但彼此可以自由进出对方的屋子了。

"你看,这个人真的很会照顾我,给我买了这么多东西……"志穗说着,拉开衣柜的抽屉,里面塞满了让太郎给她买

[①] 日本音乐种类名称。江户时代末期从江户短歌中分离出来,用三味线伴奏的乐曲。

的衬衫和毛衣之类的新衣服。

"我啊，现在觉得每一天都充满了意义。年龄也大了，性方面的享受，一个月有两三次就可以了，但也会担心他的身体还能不能吃得消。我俩夜里经常说的话是，希望两个人都能再长寿一点，哪怕多活一天。可以的话，真想一起去到另一个世界……只要死之前还能体验一次那种幸福就行了，希望老天爷能满足我的愿望。这种话我没有对任何人说过，我也想有人可以让我说出来。现在一吐为快，我也就没有遗憾了。"

黑色的锁

明治女性激荡的一生

津弥出生于一八九九年,今年(一九八三年)八十四岁了,但一点也不像这个年龄的老人。她走起路来蹬蹬有力,思维敏捷,还清楚地记得很多琐碎的事情,连明治时代在横滨出生时的童年往事也能描述得栩栩如生,就像昨天刚刚发生的一样。

"我爷爷年轻的时候创业,做了仓库。我父亲继承了家里的产业,但他是个酒鬼,一事无成,最后把爹妈留下来的财产全败光了,天天不工作,只想着怎么花钱,还掺和不少政治上的事情。以前不是有个人叫岛田三郎嘛……"

岛田三郎是一位口才了得的政治家,也被民间称为"岛田辩郎"[1],因为大正时代的西门子弹劾事件[2]和废娼运动,在舆论阵地发表了一系列言论而被人熟知。他后来又参与了立宪改进党的创建,成了众议院议长。

---

[1] 日语原文为"島田しゃべ郎"。
[2] 指大正时代初期发生的一宗涉及日本政商界的贿赂丑闻。由于时任首相的山本权兵卫正在推动增加预算以扩建海军,事件持续发酵并引发大规模示威,最终导致执政十四个月的第一次山本内阁辞职。

"父亲几乎成了那个人的提款机,一直往里面砸钱。结果,娘家给母亲的房子也被父亲拿去做了抵押,套出来的钱又被拿去做了投机买卖,最后都亏了。他也没脸回家来,便人间蒸发了。这件事大概发生在我读小学的时候吧。"

津弥说,当时怕财产被全部没收,有一部分就运回了母亲老家的仓库里储存。结果父亲的妹妹,也就是津弥的姑妈,最后把这些物品全部处理和私吞了。说起这些陈年往事,津弥的语气就像不良少女在传授佛法,非常有趣。

"那个姑妈啊,最后快死的时候,在寺院拿不到她的法号,因为人家说,像你这种坏到骨子里的恶人,还是用'慈德院'[①]这种不得了的法号吧。"

津弥回忆说,小学时看到的一件事情对她冲击很大,直到现在都历历在目。那天早上,她和平常一样去学校,但学校周围好像陷入了一种很紧张的氛围。大家在操场上做早操的时候,对面的马路上突然出现了一串用绳子绑着的什么东西,还有一团一团的黑色衣物包裹着,像一串珍珠,朝学校旁边的法院拖去。那黑色物体其实是人,头上戴着三角形状的编制竹帽,严严实实地被遮住了脸。

"我记得校长当时告诉我们:'同学们,那些是试图对天皇陛下无礼的坏人。'其实那时候见到的是大逆事件[②]的菅野须贺

---

① 织田信长的侧室,也是织田之女三之丸殿的母亲。
② 又名幸德秋水事件、幸德大逆事件,指日本社会主义者和无政府主义者计划暗杀明治天皇,后来被捕起诉的事件。

子①。"

"因企图加害天皇、太皇太后、皇太后、皇太子以及皇太孙,处以死刑"——一九一一年一月,幸德秋水②、菅野须贺子等人因违反旧《刑法》第七十三条的大逆罪,被送上了死刑台。

处刑当天,教诲师问须贺子还有什么想说的,她只回答:"没有达到目的就这么结束了,简直像堕入地狱一样遗憾,让我早一点死吧!"之后就被实施绞刑处决了。而她的爱人幸德秋水,已经在几天前被处刑。

有一篇文章描述了这最后的场景:

闭上眼睛。身后是打了死结的布条。
"请系紧一点吧!"
布条被绑得更紧了。秋水就站在我的眼前。他对我点了点头,露出了只有我见过的笑容。他伸出手,轻轻拉住我的手,手心里是恋爱萌动时的温柔。秋水身上散发出来的味道,就像果实丰收时一般香甜,团团笼罩了我。
我的手掌心深深感受到了秋水的温热。他的手总是这么温暖。
"很快就结束了哦。"秋水轻轻对我耳语道。
脖子被绕上了冰凉凉的东西,像一条蛇缠住了我。我的身体飞向了宇宙。有一道彩虹,有很多道彩虹交织在一起,

---

① 菅野须贺子(一八八一至一九一一),日本明治时代的记者、妇女运动家、社会主义运动家,是大逆事件中被处刑的十二人中的唯一一名女性。
② 幸德秋水(一八七一至一九一一),日本明治时代的记者、思想家、社会主义者、无政府主义者。本名幸德传次郎,秋水之名来源于《庄子·秋水篇》。

绕成一个圈。我和秋水飞起来了。我们紧紧相拥，抱得那么紧。我们飞得好高，背着那美丽的彩虹。

这是濑户内晴美[①]在《远声》中描写的最后一幅画面。她用第一人称刻画了这位明治女性壮烈又短暂的一生，三十一岁的生命激荡着斗争与爱情。

津弥见到的真是菅野须贺子本人吗？我找津弥确认了当时的地图，又联系了大逆事件的研究者，仔细根据她的记忆查了查，猜想可能只是津弥的误会而已。不过，了解到津弥后来的人生轨迹，我知道这件事在她年幼的心里留下的绝不仅仅是一场幻觉。

禁止接触男性的少女时代

"我小学毕业的时候已经是明治末年了，那个年代还没有出现所谓的职业女性。不过，母亲让我去读了女子师范学校。"

津弥一提起那个败光了祖上财产后下落不明的父亲，就说是"欺负母亲的坏男人"，毫不掩饰对他的怨恨，可只要一说起母亲，津弥的语气一下子就变得柔和，反反复复说她是"温柔贤惠的妈妈"。

那个年代的确如津弥所说，整个社会风潮不认为女性有必要

[①] 濑户内晴美（一九二二年至今），日本小说家，佛教天台宗的僧侣，法号濑户内寂听。

接受高等教育。

比如，当时的杂志会刊登一些如今读起来令人啼笑皆非的言论："女性的身体以生殖器为中心而发育……对大多数女性而言，只需要传授给她们如何好好教育孩子的知识就足够了，至于普及高等教育，并无必要。女性读书读到十九岁就好，原因在于，研究学问会过度使用大脑，这会影响生殖力的发育，即会降低生孩子的能力。"（一九〇八年的《新妇人》杂志）

资料显示，津弥入读的神奈川县立女子师范学校创建于一九〇七年，刚好是津弥小学毕业前。当时日本全国各地都相继开设了女子师范学校。

虽然"女性没必要接受教育"的意识还深深扎根在当时的社会中，而且读书的女性远远少于男性，但随着女生入读小学率的提高，小学学制从四年改为六年，以及当时的中日甲午战争推进了日本产业革命的发展，社会需要更多有一定知识水平的女性劳动力。于是，对女性的教育从培养传统的贤妻良母、希望她们成为贤良淑德的人，转变为要迅速且大量培养女性教师。女子师范学校在这种背景下应运而生。学校本身仍然被认为是培养"贤妻良母的先锋队"，实际运作却像军队一样严格，所有人都必须在学校寄宿。

津弥回忆说："宿舍管理员一发现学生不在，就会突然袭击，搜查我们的物品。要是翻出来男生写的信，第二天就会被勒令退学。晚上九点熄灯后，我们都钻被窝里了，老师们还会走到每个房间里，提着灯笼确认人数，一、二、三、四……几号宿舍没有异常状况……大概就是这种状况。"

东京的女校教育者们还规定了"女性不可以做的十件事"，

包括不能单独和男性见面,收到陌生人的信件不能私自拆开,必须交给监护人,天黑后不能外出……从这些规定也能窥探到当时的社会风潮。

高群逸枝是女性史研究学者,在大正初期有过教师经历。据她的记录,在师范学校学习的女生,一旦被宿管发现私自读书,就会被盘查,甚至被训斥。"在看什么?答,哲学。读这种书很可能脑子变得奇怪。师范生不需要看哲学,女生更不需要。"(纪录片《女性的百年》)对这种刻板的贤妻良母式教育,学生们当然会反抗。一九一二年,爱知县立女子师范学校就爆发了学生的抗议游行,当时的学生领袖就是后来毕生致力于妇女解放运动的市川房枝[①]。

一九一八年春天,津弥从师范学校毕业,进入横滨市内的一所小学当了老师。可在那个年代,连教师的世界都戒律森严,校长甚至制定了一系列规章制度,诸如,"男女教师必须在人多的地方才能说话","通勤路上男女教师不能走在一起","宴会结束后女教师要先回家","收到的信件必须在校长面前拆开,不能擅自回信"。(《妇女教师的百年》)

"那时候宿管的工资是一个月九日元,我刚上班时的工资是十六日元,但一双鞋就要三块八日元……"

对教师这个职业产生了天真幻想的津弥,很快就遇到了一个意外。

[①] 市川房枝(一八九三至一九八一),近现代日本政治史上颇具代表性的妇女解放运动家和女性政治家。

深夜，突然闯入房间的男性……

"在师范学校读书的时候，我的授课科目成绩排名第二，但其他科目的成绩就没这么突出。业余爱好是打网球、跳舞，钢琴也弹得不错，现在也能不看谱子弹一首《土耳其进行曲》。年轻人动不动就让我给他们唱以前的老歌。"

八十四岁的津弥如今依然腰杆笔挺，过去一定是个活力四射的年轻女老师吧。从师范学校毕业后当小学老师的那一年，津弥挚爱的母亲因病过世了。如今回过头来看，在那之后，她的人生就蒙上了阴云。

母亲走的时候，父亲还是不知去向，孤苦伶仃的津弥只好住回了母亲的娘家，每天从外公外婆家去学校上班。

"母亲的哥哥，也就是我舅舅对我特别好，特别照顾我，他太太年纪也不大，只比我年长七岁而已，舅舅稍微对我好一点，舅妈就会吃醋，两个人吵得不可开交。所以我在那个家里也很难继续待下去。"

从舅舅家搬出来后，津弥辗转租了两次房，最后在舅舅的介绍下，住进了一个大杂院，里面有两栋房子，津弥住偏间。那一年，她二十二岁。

其实就在前一年，津弥辞去了教师工作。学校里的氛围太紧张了，加上母亲离世后，她的生活环境一直不稳定，身体吃不消，胸部也查出来有些问题，就想暂时休养一下。

津弥住的房子的主人，是经常出入于舅舅家的一个经营木炭生意的人。

"我总是生病，又孤孤单单的，舅舅好像通过这个木炭老板拜托了我隔壁的人家，让他们多照顾一下我这个年轻小姑娘。所以我搬进去那天，隔壁夫妇就跟我打了照面……"

津弥也算是家道中落的富二代大小姐，对做饭、洗衣服、女工这些家务原本就不擅长，加上身子骨变弱，渐渐接受了隔壁主妇对她的照顾，后来关系越来越近，连居家服和内衣也会让对方帮着洗。

作为回礼，津弥拿回了寄存在舅舅家的母亲的遗物，还有质量上乘的和服，都送给了隔壁人家。

津弥一提起和这家邻居的交往，不知为何便含糊其词，然后飞快地略过话题，有点前言不搭后语。

"因为那里就是我的噩梦！"

"什么意思？"

"我和女主人关系还不错，有时候去他们家玩儿，可能就被他们盯上了我的钱。"

津弥说，那个男的也是这时候盯上她的。男的正是隔壁家的男主人恭之助，从搬家那天起就对津弥格外热情。

恭之助那时候大概四十岁左右。津弥也不清楚他具体做什么工作，好像在码头干中间商一类的。和普通上班族不同，他总是大白天就在家里喝酒。津弥偶尔撞见他酩酊大醉的样子，被吓得不轻。

"我和女主人感情很好，但和他也就是打招呼而已。他倒是从一开始就天天'老师''老师'地叫我，热情得有点奇怪……"

"然后呢？这个男的……"

"然后他就对我下手了。"

"……?"

津弥住的大杂院背后,有一座小山丘,杂木丛生,夜里阴森森的,绝不会有人经过。大概是住在这里一个多月后的一天夜里,津弥已经睡熟了。

她感觉身上莫名被压了什么东西,猛地睁开眼睛一看,竟然是一个五大三粗的男人!他一把捂住了津弥的嘴,紧接着掀开了津弥的被子……

像捉住一只小鸟一样

津弥吓坏了,心脏冻成了一块冰。她的嘴被男人的大手捂得紧紧的,发不出一点声音来,身体也像一只瘦弱的金丝雀一样被死死按住,动弹不得。被子卷成了一团,睡衣边角也扯得变了形。男人的身体重重地压上来,她想反抗,可使不上力。

"老师,是老师吧,嗯?"

男人在津弥耳边低声说着什么,声音黏糊糊的,太恶心了。好疼。津弥的脑子已经乱了。现在到底发生了什么,她什么都不知道。

直到最后天微微亮了,她才发现这个男人是隔壁的恭之助。

"那个声音,每次想起来都让我全身发抖,太瘆人了,现在都摆脱不了那个声音。我后来才反应过来,当时是夜里两点左右,我真的是一点都反抗不了。我睡得正香,他突然袭击,我还没搞清楚状况,他已经扑上来了。而且,我到现在睡觉都不穿底裤，那个年代的女性都是只穿一条裤子睡觉，没人穿底裤，所以男的很容易就进去了，我觉得自己就像刀板上的鱼肉，任他玩弄，说起来就恨得要死！"

听了津弥的话，我很震惊的一点是，津弥当时已经二十二岁了，竟然还完全不知道这个男人在干什么。

"真的不是瞎说，我当时一点都不清楚自己被怎么了。我从来不知道男女之间会做这种事情。毕竟在女子师范学校读书的时候，我们被禁止和男性有任何接触，说句话都不行，我们一直觉得男人很可怕，很不靠谱……性教育什么的更是没有。等我到了发育的年龄时，母亲又不在了，所以从来没有人告诉我到底是怎么回事。真的是太过分了，我现在都恨得牙痒痒……"

津弥说起那个让人憎恨的夜晚，会不时加一两句"恨得要命""太过分了，真是禽兽不如"来发泄内心的情绪。那一道深深的伤，在津弥的心里留下了难以愈合的疤痕，直到八十四岁都清晰可见。

但留下伤痕的远远不只是那一夜，之后，津弥就像被毒蛇盯上的小鸟一样，完全被恭之助控制在手掌心里。

津弥自身也为这件事感到害臊，不敢让亲戚和其他人知道，一直把这个秘密藏在心底，恭之助才得以一而再再而三地在深夜突袭津弥。他把门敲得砰砰响，有时候还躲在衣柜里，甚至躲在屋顶上，再从屋顶的通道钻进津弥的房间。

津弥拼死反抗，想逃开，但恭之助一把就能抓住她，有时候还打她，打得不轻，把她绑起来。

津弥每一天都生活在恐惧里。从第一次算起，大概过了三个月，她发现自己怀孕了。

"如果没有孩子的话,我无论如何都不会跟着这个男人。但没办法啊。就这么不清不楚的,我们算是生活在一起了……"

恭之助的老婆身体有残疾,他趁机把对方赶出了门,离了婚,娶了津弥进门,之后便开始游说津弥的亲戚。

"我是后来才知道的,那家伙通过在码头的工作找了认识的黑社会,闹到我舅舅家,说要把我的事情公之于众,还勒索孩子的抚养费。真的是地痞流氓!"

津弥的每一句话,甚至每一个字都充满了怨恨,这让我想起了菅野须贺子,那个津弥说的在小学时见过的大逆事件的女主角。

须贺子出生于京都,父亲是矿工,母亲在她很小的时候就过世了。她就和继母生活在一起,可继母非常讨厌她,还经常虐待她。须贺子十六岁从高等小学毕业的那年,继母命令一个认识的矿工强奸了她。更过分的是,继母以此指责须贺子品行不端,挑拨须贺子和父亲之间的关系。

这些人生打击完全改变了女人们的人生方向。津弥也是,须贺子也是……

女人们的深深仇恨

津弥和须贺子都被男人强行冒犯了身体。

她们生活的时代里,女性的最佳典范是顺从又贤惠的贤妻良母形象。然而,即便婚前被迫发生了性关系,对女性来说也是难以想象的巨大冲击。

燃烧未尽的晚景

须贺子后来偶然读到了一篇《万朝报》①的文章,是社会主义者堺枯川②写的。这篇文章改变了须贺子的命运。

文章里写到了一位读者的求助,她同样被暴力夺去了贞操。堺枯川鼓励读者:"这实在是不幸的遭遇,就像被疯狗咬了一样,但这不是你的过错,你不必为此承担责任。还请尽快忘记这件不幸的事情。"

这段话读起来像是否定了处女神话,这深深打动了须贺子。以此为契机,她开始有意接近堺枯川、荒畑寒村、幸德秋水等人,最终和秋水一起牺牲在大逆事件的断头台上,燃烧尽了短暂的激荡人生。

但津弥没有须贺子这样的命运转折,她没办法把内心的伤痛转化为愤怒的动力。受害者意识困扰着她此后的生活,对男人的怨恨也一直积蓄在心底,始终没能让她走出人生的阴霾。

"那个人算是性欲比较旺盛吧。我的胸部一直有点问题,有时候难受得吐血,意识都不清醒了,他还是会压上来。性的乐趣,这世上存在吗?我一个人生活后,再没有碰过这件事。一次也没有。而且,我特别特别讨厌晚上,讨厌得不得了。"

在不堪回首的同居日子里,津弥生下了两个孩子。恭之助时不时去做一些中间商的活儿,也能赚到点儿钱,但从来不给津弥。这样的生活暗无天日,所以有个孩子一生下来,津弥就送给了别人寄养。

---

① 日本曾经的一份日报。
② 堺枯川(一八七一至一九三三),原名堺利彦,日本社会主义者、思想家、历史学家、作家、小说家、翻译家。以《万朝报》记者的身份活跃于世,主张社会改良和言文一致。

这样的日子持续了整整十年，直到恭之助五十岁那年突然死了。

"他死的时候，连他家亲戚都说，津弥啊，和这种男人过日子，还不如他早点死了好呢……大家都很同情我。说心里话，我自己也松了口气……"

恭之助死的那年，津弥才刚三十岁出头。年纪轻轻就成了寡妇，身边不少人都劝她再婚。

"但我对男人真的绝望了。再说我也是内心受过伤的人，我觉得自己不配做女人，对这件事也完全没有兴趣。他死了之后，我一直一个人过，没接触过一个男的。虽说我的人生被那个男人毁了，但这就是我的命吧，不得不经历这样的人生道路。"

恭之助死后，津弥总算从噩梦一般的生活里得到了解放，那时候刚好遇到昭和初期的经济恐慌，没过多久，津弥也一样被卷入了黑暗的战争时代。

如今八十四岁的津弥仍旧孑然一身。当时她身边只留下了一个孩子，再苦再累的日子，她都拼尽全力把这个孩子抚养成人。

"我啊，经常忍不住就说那个男人的坏话，但女儿会跟我生气，说'不要说我父亲'。我其实很希望孩子能了解我的人生，了解我充满了悔恨的一生，我也希望她能知道我把她养大有多么不容易，在亲戚面前抬不起头，受了多少屈辱才有了今天。但是，我现在已经不强求了，毕竟，也没必要让两代人都遭受不幸。我自己也活不了多久了……"

津弥早就写好了遗言，交给了养老院的人来保管。其中一段写道：

我的女儿某某虽然知道我的辛苦，但她一点也不照顾我，做了非常过分的事情。这是对我的深深背叛，我不能原谅她。所以，我将排除她的继承人资格。

津弥终于对我说完了她的漫长身世。分别之际，她提高了些嗓门说："下辈子，我一定要投胎转世做个男人！"

回音里，饱含着多少女人漫长又漫长的对过往的怨恨！

从明治到大正，再到昭和，时代不断变迁，可人追求性与生命喜悦的天性，仍旧没有得到释放。这原本是属于每一个人的权利，但生生被一把沉重的枷锁死死压住，被践踏，被剥夺，延续至今——津弥，这个活生生的时代见证人，脸上的神情诉说着这一切。

― 和 X 先生的对话 ―

夕阳红的性被束缚了

我们这次的采访中,遇到了一位六十岁的女性,她的先生很早之前去世了,她和女儿一家住在一起,过着含饴弄孙的生活,每天被孙辈围着叫"奶奶"。虽然她本人觉得自己仍然年轻,但无论家人还是周围的人,都觉得她已经属于老年人的行列了。站在此时的人生节点上,一想到今后的生活,她忍不住写了首歌:

余生的梦想,难以实现;人老了,生命稍纵即逝;
与老友欢聚,畅谈未来的梦想,好像我们可以活到天长地久一样。

歌词里交织着梦想、实现梦想的虚幻,以及无限的落寞——这也是我们在多个采访现场从老年女性口中听到的最多的表达,完全就是对这首歌的诠释。

实际上,对这种一直被压抑着的渴望激情燃烧的情愫,应该有很多老年女性会产生共鸣吧。随着我们采访的深入,我们也越发强烈地感受到了这一点。

这次围绕着"老年与性"的主题，我们采访了这群在世人眼里属于老年人的女性，于我们而言，这是第一次踏入这个未知领域，但这些憧憬着"华丽生命"的老年女性们，一次次刷新了我们的三观，给了我们很多新鲜的震撼，包括文中出现的染和志穗。

"日本社会里，大家都觉得人老了，不需要性生活了，而且一提到老年人的性需求，就觉得很猥琐，这是根深蒂固的偏见。就我自己的感受来说，身边很多人确实默认谈论老年的性是一个禁忌。"

我们从束缚着大多数人的偏见出发，和智囊顾问X先生（多人代称）展开了对话。

"采访案例给我的一个感受是，人到了一定年龄，深刻感受到孤独的滋味后，才明白在性的基础上寻找伴侣是一件多么纯粹、多么必要的事情。当然，我说的是真正意义上的性。和年轻时候的性生活不一样，老年的性爱更多是肌肤之亲，这种接触让人情绪稳定，让人感受到活着的那股劲儿，还有活下去的欲望。日本人比较克制，不太敢做自己想做的事情，但他们还是希望年龄大了之后能享受到更自由的性吧。只要体验过其中的乐趣，无论男女都会打开新世界，也会更积极地面对生活，其实也能在一定程度上预防中风和认知症的发生。这不仅对个人有好处，对整个社会也具有正面意义。"

X先生说完，紧接着肯定了染和志穗的生活变化。

在真实的老年社会里，即便有我们采访到的类似情况，但现实并非如此理想。养老院是比较特殊的环境，亲人不在身边，老人们才能实现心里的想法吧。那些和子女住在一起的老人们，只能空想这个遥远的世界。

"一方面，子女那一代的理解还远远没有跟上；另一方面，要是两个老人感情好，走到了结婚那一步，以后还涉及财产分割的问题，会变得更麻烦。但说到底，最根本的问题还是社会意识的约束，连老人们自己也很难一时改变。"

根据X先生的分析，染也好，志穗也好，都算是明治和大正时期城市中产阶级出身，也是女性里思想比较先进的人，多多少少受到了大正民主思潮的影响。

"正因为如此，她们进入老年后才变得更自由，但目前的情况是，有接近80%进入老年群体的女性还生活在农村地区，她们的观念很难发生转变。即便是她们后面的一代人，也就是现在五十岁到六十五岁之间的这一代女性，她们的青春期基本和战争年代同步，在思想观念和生活方式上都很保守，很难作出改变。"

就算再怎么明白夕阳红的性爱充满了诱惑，她们还是无法拥有。这也是战争带给她们的伤害吧。

如何活得更有尊严？

"服装要好看，发型也要好看，日本人在年轻的时候特别追求时髦，年轻人当然爱打扮啊，但年轻本身就很美，其实也没必要过度打扮。瑞典就和日本完全不一样。和瑞典的年轻人相比，瑞典的老年人更享受时尚，男男女女都花很多心思装扮自己去参加舞会，还经常见到老年夫妇举办欢快的结婚典礼。他们的思维方式和日本人刚好相反……"

II 燃烧未尽的晚景

X先生说的"相反",也有下面的意思。

人类为了挑战大自然才创造了文化,而不是像低等动物那样把自己交付给了大自然,所以人的年龄越大,越不服老,越要打扮自己,享受活着的乐趣——这才是文化的意义吧。而"享受活着的乐趣"的一个方式就是,两个人基于爱情彼此建立起性关系。

"看看日本街头的情景,老年人都缩着肩膀,小心谨慎地走在街道角落,好像自己出来给别人添了麻烦。这是我们在现实中经常见到的。但在真正理想的、让人活得更有尊严的社会里,老年人会把自己打扮得更时尚,骄傲地挺起胸膛,大大方方地走在街上。"

这么说起来,我们似乎的确活在一个对老年人不友好的社会里,我们觉得"衰老"意味着丑陋、没有价值,甚至是即将消亡,也尽量不去关注这个自然现象。比如当我们谈到性的问题,也倾向于认为这是属于年轻人的话题。

我们看看瑞典是怎么对待老年人的。在孩子们用的学校教科书里,大方刊登着老年男性和女性的照片。孩子们接受的教育也会强调,性绝不是年轻人的专属事物。

"瑞典会在基础教育里普及这样的观念,即性是爱情的表达,没有爱情的性是非人类的性。为了体现这一点,书里会用很漂亮的图片来突出'男女相爱'的形象,有残疾人伴侣的图片,有跨国婚姻的图片,还有老年伴侣带着幸福笑脸的图片。学校希望孩子们能从小明白,人的一生会遇到多种多样的爱,人生的不同阶段也有不同的爱的表达方式,即便是人生暮年也可以拥有美好的性,能切身体会到活着的意义。我认为要想创造让人活得更有尊严的社会，这些非常重要。"

X先生所言极是，比如我们常常提到性教育，但不能仅仅止于生理教育和道德空谈，而是应紧密结合很多与性教育相关的话题，包括人是什么，人应该怎样度过更有价值的一生，等等。只有做到这一点，今后的社会才会改变对"老年与性"的看法吧。

从更宏观的角度来看，我们在全社会推进"关于人的学习"的同时，也要继续加强全社会的互助网络，这一点同样不可忽视。

"如果是三世同堂的家庭，爷爷奶奶、爸爸妈妈和孙子们生活在一起，按照日本目前的情况来看，很可能是一家人挤在一个小房子里，老年人最好的情况也就是和孙子住在六张榻榻米大小的房间里。这种现象非常普遍。不能因为他们是老年人就认为这样凑合得了，人不论多少岁都需要有生活，也应该保证拥有享受生活乐趣的场所。我认为今后不仅要增加以住宿为主要功能的养老院和医疗机构，也需要设计更多方便老年人相互交流的地方，丰富他们的人际关系。"

"老龄化社会"这个词，仅仅读出来就让人感到沉重而阴郁，但只要我们稍微转变自己的观念，就能一同推进社会结构的优化，就不会再认为老年人和残疾人是无法直接创造价值的社会"负担"。对每一个正常人来说，这才是让自己活得更有尊严的社会。和X先生围绕"性与生命"展开的对谈，似乎又迈入了一个全新领域。

― 读者来函 ―

日渐衰老的我寂寞难耐

"我总是读得心情激动不已""一边读，心里一边纠结着"……《燃烧未尽的晚景》在报纸上连载后，我们收到了很多读者的真挚感想和反馈。也许是采访的主角都是即将面对人生终点的老年男女，并且大方分享了他们从性中得到的快乐，以及从中感受到的活着的喜悦，给我们来函的读者有一半以上都是五六十岁的人，甚至还有七八十岁的读者也非常郑重地写来了信件，和采访中的染、志穗和津弥基本同龄。

读者会如何看待以"老年与性"为主题的系列采访呢？我决定公开一部分读者来函，借此可以窥探到他们的"人生"。

让我印象最深的一点是，很多人对主人公的生活方式产生了共鸣，甚至不吝啬地表达了肯定。比如一位老年男性提到："我总是读得激动不已。每读一次，心里就难受一次。我们来日不多了，但这些故事却让我们的心情跌宕起伏，难以平静。"

另一位七十岁的老妇人来函说她和老伴同甘共苦了四十九年岁月，在距离金婚还差一年的时候，老伴生病走了。她对采访对象里的同年龄主人公产生了强烈共鸣：

两个人各自经历了苦难的人生后，能在养老院相遇，还能燃烧最后的生命之火，相依相偎，真是一件幸福的事情。我真心为他们感到高兴，也被这份勇气打动，希望他们能充分享受以后的生活。

有一些读者才五十多岁，距离"老年"还有相当长的岁月，但他们的大部分青春时光都在黑暗的战争时期度过，也表达了自身的无奈：

染和志穗的人生让我的心情久久难以平复，就像午后温和的阳光照在后背，给了我一份温暖，也让我发自内心地羡慕。然而，看看身边的现实，我们有太多的牵绊，也会被自己的观念束缚，所以啊，憋屈着过完一生，才是大多数人的真实写照吧。

尤其是我们这一代五十多岁的女性，美好的青春都被战争耽误了，好像很难靠近那种岁月静好的生活。所以内心深处才更希望在有限的人生里，作为女人能遇到对的那个人吧。光是想想就觉得很美妙啊！

也许这是没有经历过美好青春的女性共同的"渴望"吧。我也知道只要伸一伸手，就能触碰到那个满水的杯子，但我还是会控制住自己想要伸出去的那只手。其实，在我心底最柔软的地方刻下的那些念想，就像写在沙滩上的字，很轻易就消失不见了。

我身边也有朋友很享受地说："老伴去世后，和家里养的狗一起生活。"她先生也是没有青春时代的人，所以啊，

燃烧未尽的晚景

我们这些笨拙的男男女女，不过是勉强凑在一起过日子罢了，每一天都过得干巴巴的，没有滋味，也难以明白什么是活得有尊严，活得有乐趣。

现实总是沉重，活着这件事本身也时常显得悲哀，正因为如此，很多人心里才对染和志穗拥有的"精彩晚年"充满了强烈向往，渴望的念头也在心底蠢蠢欲动。

《燃烧未尽的晚景》系列里采访的老年人，余下的时光都不多了，但他们给世人展现了尽情燃烧生命热情的姿态是多么了不起。可没有对比就没有伤害，不少读者回头看看现实，才更觉悲凉。

一位六十二岁的女性来信说，她的先生七年前去世了，她和儿子一家住在一起：

> 每个月我会外出一两次，每次出门前，我都会打扫好家里家外的卫生，收拾好垃圾，经常做到大半夜。早上出门前我也把要做的事情做完，再和儿媳妇打招呼，但她往被炉里一躺，懒洋洋地和我说一句"好，拜拜"就没了。我觉得很受伤，但一想到儿子夹在中间很可怜，也只能忍住脾气，强颜欢笑和她说再见。

说了这么一件日常小事后，她紧接着说："外人都觉得我非常幸福，我自己一点也没有这样的感觉。我甚至常常在心里想，管他以后怎么死呢，只要能让我一个人生活就行。我内心的寂寞和难过，跟谁也没法说。大家都想活得久一点，我就不喜欢太长寿。毕竟人活着是一件孤独、寂寞又变幻无常的事情啊！"

末尾处，她说："这封信是我趁着家里没人的时候写的，字有些潦草，还请谅解。"最后是她作的一首短歌：

孤身站在树林里，想问上天要一个答案。
但只有风吹拂着林梢，唰唰作响。

想活得更炽烈

一位自称"职业是农民"的中年主妇来信说了婆婆的故事。婆婆刚过七十岁，但很早之前就成了寡妇。

她一直是很要强的人，公公去世后，她的乖僻变本加厉，什么事情都往坏处想。她的儿子儿媳吵架，她竟然还暗暗偷着乐，甚至在儿子面前说很多儿媳妇的坏话，把事情搞得更糟。而且，家里的大事小事她都要插手，惹来全家嫌弃。不知道是不是为了发泄情绪，她每天晚上都要在九点多之后，在佛坛前面大声念经，还把木鱼敲得砰砰响。

我有时候想啊，公公活着的那些年，他们天天吵得不可开交，结果人走了，婆婆才开始明白想念的滋味，把我家里搅得不得安宁，非要做一个"当家的婆婆"，想想也怪可怜的。要是她能像志穗那样找到老来伴也行啊，可我又不能主动去给她找。我倒是有想过，要不要去养老院物色一个公公。

另一位五十五岁的主妇来信说：

我是昭和第一代出生的人，过着平静的生活，也珍惜当下的每一天。虽然和主人公的时代不同，但我还是被采访深深吸引了，感慨良多。

我真想为这些老人鼓掌，他们在漫长的人生里，了解到自己的能力和可能性都极其有限后，还能全力以赴去探索人生之路，真是了不起。

我这一代人谈到性，觉得是羞耻之事，甚至有强烈的罪恶感，一说起这个话题就含糊其词，暧昧地一带而过，但老人们的性却如此干脆利落，这种"残余之火"多么让人激动啊。

增加自己的见闻，提高修养当然是好事，但能让自己明白，自己不是孤身一人的那种安心感，也是活在世上的别样快乐吧。人生仅有一次，余下的日子里，我不想再在意别人的眼光，我要按照自己的想法去活。回顾过去，我也有懊恼和悔恨的事情，但现在就想充实生活每一天，尽情迈向幸福的下一个阶段，绝不再惩罚自己。

一位四十一岁的主妇写道："我还不太明白那种感觉。我十分震惊地读完了这些采访。我所知道的老年世界都充斥着寂寞，和采访里所说的相差好远。另一点让我震惊的是，那些本能的东西和年龄无关。我之前还不明白具体的感受，但现在多多少少理解了一些，人也变得更轻松了。这些长辈都能活得如此精彩，我们这个年龄的人，又有什么理由不更加积极地面对生活里发生的事情呢?"

还有一位五十岁的主妇在自己母亲的人生里看到了和采访重合的部分,有了强烈共鸣。她说:"这些老人经历了日本最动荡的时期,如今迈入垂暮之年才慢慢找回了自己,知道了活得有尊严是什么感觉,又有谁会责怪他们呢?老年人患痴呆症,大概也是老天爷的旨意,希望他们能从死亡的恐惧中解脱出来吧。所以我觉得啊,让人爱慕着谁去生活,或许也是老天爷的刻意安排。"

她接着提到,最近知道了母亲初恋情人的消息,对此颇有感触,于是便写了下面的话:

> 他们都深爱着文学,还曾约定了未来,但最后没能实现,各自有了六十年人生。后来他们重新取得了联系,来往了几封书信,我读了特别感动。母亲红着脸说,感觉有点对不起父亲,但有孩子们在,她觉得父亲会原谅她。
>
> 这种爱慕并不是希望有什么结果,但到了这个年龄,母亲愿意把埋藏在内心多年的情愫说给我们听,我其实挺羡慕的。母亲去世后,我给那个人打了电话。对方激动地说,很想立即见面。所以我最近会去见母亲的初恋情人。

从读者们一封封来函里,我们看到了百态人生,也深深感受到了生之不易,以及生之悲欢。

Ⅲ 现代弃老传说

儿子把六十岁的母亲装入笼子，
和孙子一起把老人抬到山里遗弃。
在将笼子和木棒置于原地，准备返家之时，
孙子对儿子说："这些带回去吧，以后也许还用得上。"
儿子说："也是。"于是决定不遗弃母亲，将其背回了家。
这是民俗学家柳田国男收集的一个民间故事《弃老山》。
与之相似的还有《弃母山》，
以及日本全国各地广泛流传的此类传说。
从故事梗概可以看到弃老的无情，
但也反映出劝人尽孝的深意。
现代弃老传说，又会给我们什么样的启示呢？

日暮山河

去山沟沟的村里

六月。

毛毛细雨时下时停,湿漉漉地笼罩着山沟沟里的小村子。这个季节正是嫩芽冒头、绿叶新出的时候,树枝上挂满了深深浅浅的绿,整个山村一片绿色。从丘陵下去是个急坡,我以为下面是山谷,结果对面陡然出现另一个上坡,翻上去之后又是下坡。翻越山谷间,远处如烟如画,仿若一幅烟雨朦胧的水墨图。

这一片山区是出了名的暴雪区,近些年的人口也呈现雪崩式下降,据说六十岁以上的老年人占到了总人口的26.7%,在全国率先进入了老龄化社会。而这些老人聚居的村落,也是日本有名的老年人自杀多发地。

沿着农地里的狭长田道往前走,远远看到树荫间有一处农家。我走过去打了招呼,但屋子里面似乎没人。我等了会儿,很快来了一位农妇,像是这屋子的女主人,看她像是刚从房子后面的农地里干完农活。她说她叫雪代,今年三十二岁,是三个孩子的母亲。

雪代的婆婆Fusa是一年前的六月过世的。

现代弃老传说

雪代说，那天早上她和往常一样六点从床上起身，到客厅的房间一看，觉得有点奇怪。婆婆平时都会往炉灶里加点火，但那天早上的火还是前一晚的状态。

通常，雪代会在晚上睡觉前淘好米，把生火的东西准备好，Fusa在早上五点起来后，再用稻谷壳烧火煮饭，这是他们家多年的习惯。Fusa已经七十四岁了，最近一两年开始犯胃炎和神经痛，经常这里不舒服那里不舒服，虽说生活还能自理，也能帮着照顾孙子，但农活却干不来了。

雪代的先生富雄是建筑公司的卡车司机，家里的农活都是雪代和七十六岁的公公喜久平在做。三个孩子也还小，分别是七岁、五岁和三岁，所以雪代的负担很重，农活和家务都得管。Fusa理解她，也想帮她减轻压力，虽然Fusa早上想悠闲地多睡会儿，但还是主动把做早饭的活儿给揽下来了。

"咦，婆婆今早忘了吗？"雪代也没太放在心上，自己生了火，便开始做早饭。吃完早饭，富雄先出门，之后是正在上小学一年级的长女去学校，雪代接着再送二女儿去保育园。每天早上都匆匆忙忙，像打仗一样。

"那天我还得去村公所交退休金的文件，正打算拿文件出门的时候，到处找没找到，我就去二楼想问问婆婆。"

Fusa很早之前就和喜久平分开睡了，她说受不了他的呼噜声和梦话，所以喜久平睡楼下的小房间，Fusa一个人睡二楼六张榻榻米大小的房间。白天大家都出门后，Fusa在楼下照看最小的孙子，晚上吃完饭后，她也不看电视，早早回二楼房间钻进被子里睡觉。

"但那天我上二楼一看，婆婆不在里面，换下来的衣服整整齐齐地叠放在枕头边，连扣子都扣得好好的。我觉得有点不对劲。"

  雪代赶紧去找，但家里家外都没见着婆婆的身影。婆婆腿脚也不方便，不可能一个人一声不吭地出门。喜久平也说他从早上开始都还没见到过Fusa。什么情况？雪代一下子紧张起来。

  和主房相隔七八米的地方还有一栋楼，是五年前房子主人离开村子时拜托喜久平照看的，后来就被家里当储物间和作坊用了。Fusa基本不去田里，也没理由在这里面做什么呀⋯⋯雪代脑子里琢磨着，加快步伐朝作坊走去。到了一看，走廊的台阶处放着一双崭新的草鞋，是Fusa非常爱惜的鞋子，只在盂兰盆节①和正月时拿出来正式穿，平时都好好地收起来。

  "婆婆！婆婆！"

  雪代喊了两三声，但没有人回应。农村的老房子大多从马棚转过去就是一个陡峭的楼梯，雪代走到楼梯下面，抬头看了看，从楼梯入口处好像看到了类似于衣服裙摆的东西。她赶紧爬上去一看，被眼前的景象吓坏了。

  房间最里面的黑屋子里，房檐上面吊着根草绳。Fusa，用这根草绳上吊自杀了。这屋子照不到阳光，长年累月下来，空气特别潮湿。雪代就把无绳的机器还有农药摆在这里，乱糟糟的，旁边还有富雄以前在大商场里买的桌椅，本来说当餐桌用，结果一次也没用上。看样子，Fusa是从椅子爬上去，再绑了绳子的。她

---

① 日本的传统节日，也是当地的中元节。明治维新后，部分地区改为公历七月十三至十六日，也有些地区改为八月十三至十六日。日本人对盂兰盆节很重视，现已成为仅次于元旦的重要节日，企业、公司一般都会放假一周左右，称为"盆休"。

身上穿着刚洗过的居家服,棉质的,清清爽爽,脚上是另一双新鞋子。这场景,让人难以理解。

雪代和匆匆忙忙跑过来的喜久平一起把Fusa从绳子上解下来,平放在地板上,但Fusa已经断气了,身体冷冰冰的。

椅子下面滚落着一个手电筒,大概是Fusa从主屋拿过来的。她趁着大半夜家人们都睡熟的时候,静悄悄地从床上起身,借着手电筒的微弱光亮,从主屋爬上这间屋子的房顶。这个亲手把绳子挂上屋檐的老人,究竟被怎样的黑暗所吞噬了呢?

漫长的冬天终于结束了

雪代怀里抱着Fusa的遗书。这封信是写给雪代的,被装进了蓝色袋子里,放在了茶水间的架子上。这封信是用铅笔写的,写在了报告用纸上,歪歪扭扭的平假名和片假名夹杂在一起:

这么做,真是抱歉。你和富雄要好好生活下去。

后来,隔壁的女主人回忆:"说起来,那天晚上,奶奶屋子里的灯直到很晚还亮着。"她家和雪代家直线距离大概二十米,能清楚看到Fusa房间的窗户。也许,Fusa在灯下写完遗书,就踏上了赴死之路吧。

她的衣柜也被收拾得整整齐齐。

雪代刚嫁过来的时候,邻居和亲戚们都跟她说:"你这个婆婆啊,特别爱干净,也闲不住,你嫁过来可要辛苦啦。"雪代自

169

己没那么勤快，人也没那么机灵，还担心着婆婆是不是对自己有什么不满，但这封遗书给了她定心丸。

"而且，婆婆的遗容看起来特别清爽……"雪代这么告诉我。这一片地区的雪季会持续到每年三月下旬，漫长的雪天虽然结束了，但严寒的天气并未褪去。雪后的天空格外通透，常出现晴天。这种爽朗的日子持续一段时间后，就有了晚春的感觉。每次遇到这种天气，村里的人见面就会开心地互相打招呼：

"雪停啦！很清爽啊！"

有种"自由的、有生命力的、让人舒服的"气息。而Fusa的人生也像这漫长的一直下雪的冬天结束了一样，终于从痛苦中得到了解脱。雪代说，她的脸，就像睡熟了一般安详。

这一带山里的农民普遍贫困，但喜久平和Fusa夫妇过去经历的苦日子是苦上加苦，也是我们现在难以想象的。

"我啊，就是男版阿信①。"喜久平说。他是佃农家庭的长子，读小学的时候还得背着妹妹、牵着弟弟一起去学校，以此来减轻爸妈的负担。十三岁那年的秋天，喜久平就早早出门去挣钱了。

他进了东京池袋附近的一家针织品工厂，那里包住，主要做手套。和一群同龄的老乡一样，喜久平每天从早上四点半一直做到深夜。等到了春天，老家的农活开始忙了，他又得返乡帮着干活，秋天再离家出来务工。

十五岁那年秋天，喜久平被工厂里的食堂录用了，负责给大

---

① 《阿信》是日本放送协会（NHK）播映的晨间小说连续剧，也是二十世纪八十年代最轰动的电视剧之一，讲述一个女人为了生存挣扎、奋斗、创业的故事。

老爷们做饭吃。从那以后,他一直在外面打工。

一九三一年,他和Fusa结了婚。那些年经济状况特别差,农村不少人家都被迫卖女儿才有饭吃。这么贫穷的时候,又爆发了九一八事变,大量贫民被卷入了战争的深渊。

Fusa是喜久平家世交的女儿,也是在贫困的农村长大的。喜久平说,也许是因为出身穷苦,Fusa是个特别能干的女人,一分钟也闲不下来。

战争结束后,喜久平在每年的冬天和夏天外出打工挣钱。他说:"那些钻地洞的活儿比一般的工地活儿给的钱要多三四倍。"为了赚钱,只要有修隧道、地铁、下水道这些深入城市地下的工作,哪怕有危险,他也愿意做。

"挖隧道啊,都是要搞十几年的专业活儿。稍微一个偏差,人就阴阳两隔了,否则哪来这么高的工资呢?我想着要是能多涨点工资,自己能多存点钱就好了,但无论怎么存,都赶不上物价飞涨啊,所以干到死也是一样……"

喜久平每年只在盂兰盆节和正月里回老家,其余时间都在城市的工厂里给人做饭,一边忍受着起早贪黑满身油烟味儿的生活,一边勤勤恳恳地攒着钱。据说,当时深夜在东京地铁现场干活儿的老头,一天能拿九千日元,我眼前的这个老人也在其中吧。这么拼命工作,最后得到了什么呢?

茅草屋顶是很早以前的房子才有的,这一带的山村人家里仍旧不少见,喜久平家倒是完全没了从前的痕迹。他们买了很多大城市里盖房子用的建材,整个替换了以前的老房子。客厅里摆了台超大的电视机,气派得像是给公司老总看的。喜久平自己的四张半榻榻米大小的房间里单独摆了一台,孩子们玩耍的房间里还有一台。喜久平和我闲聊说，孙子从外面回来，会掀开他的衣服袖子，问他："爷爷，现在几点啦？"喜久平看看表说："三点五十八分二十秒。"

一个农村老头儿本来没必要说到"秒"，但喜久平为了炫耀他那块黑色电子表，每天都把它戴在布满皱纹的手腕上。电视机和手表是这位老人在大城市的地下打拼了一辈子的收获，但最终不过是消费主义浪潮中购买的廉价工业商品而已，山高水远地带回了山里。一瞬间，我涌起一丝哀叹。

"和从前相比，现在的生活真是天壤之别啊，物质太丰富了……"

可是，比从前舒服多了的日子，Fusa为什么还会感到空虚呢？难道是忙碌了一辈子之后，身体变得不好了，干不动活儿了，觉得自己成了家人的累赘，所以想不开吗？过去她尽心尽力照顾着家人，如今起不到作用了，所以找不到活着的意义了吗？

喜久平也好，雪代也好，谁也说不出答案。

热闹的宴会之后

从雪代家再翻过几个起伏的山丘，我们到达了一个远离村庄的小部落。沿着谷川旁狭长的小路往山上爬，就能到达梅的家。她在七十五岁那年自杀了。

梅死的时候是三月初，雪还下得大的季节。那一年，梅的孙子孙媳妇生了个女儿，也是梅的第一个曾孙辈。本来在这人口稀少的山沟沟里，找老婆是件希望特别渺茫的事情，但孙子运气好，找了个不错的姑娘，不仅愿意嫁过来，还很快生了个孩子。于是，家里邀请了亲家，连夜准备着女儿节①的庆祝活动。

当地有一个说法，不早点摆放好雏人形的话，会影响到以后的婚姻，于是赶早不赶晚，庆祝定在了二月二十八日。当天晚上，住在附近的十多个亲戚赶来欢聚一堂。

那天晚上特别冷，一直下大雪，地上很快就积起厚厚一层雪。大家在壁龛上摆了华丽的雏人形，之后开始享用美味的料理，酒过三巡还唱起了歌，好不热闹。

梅的身体一直不好。听儿媳妇佳代说，她在一九五一年刚嫁过来时，婆婆的腿脚就有神经痛，基本上做不了农活儿。佳代解释说："以前的老人家做了太多重体力劳动，生完孩子都没好好调养就直接下地干活儿了，所以才搞坏了身子吧。"

梅的慢性病随着时间推移逐渐恶化，刚开始每次发作最多疼十几分钟，自然就恢复了，但最近一段时间，一疼起来就是一两个小时，而且疼痛程度一次比一次厉害，梅常说"生孩子都没这么疼"。

除了神经痛，梅还有高血压、肠胃病。佳代说那天晚上，婆婆一开始也坐在宴席上，但后来连站起来都困难，疼得在餐桌前猫着腰，一动也不敢动。后来没过多久，宴会热闹起来了，她才说"我先回去了"，于是便回了自己的房间。

第二天傍晚，梅的疼痛又发作了，她就躺在自己屋里。这个

---

① 日本女孩子的节日，为每年三月三日。这一天，父母会为女儿设置阶梯状的陈列台，由上至下摆放穿着和服的娃娃，这种娃娃在日本被称为雏人形。

房间在客厅隔壁,四张半榻榻米的大小。自从四年前老伴去世后,她一直一个人住这里。

房间里还保留着梅出嫁时带过来的大箱子,旁边有一个她媳妇带过来的更大的箱子,杉木材质,带盖,宽一米,长一米七,高也有一米。这个箱子是在儿子结婚那天,亲戚里的男丁给抬过来的。新媳妇后来在里面塞满了给客人们用的坐垫。

以前结婚的习俗是,女方家里抬着给新娘坐的箱子,唱着歌,一路走到新郎家和新娘家的中间点,新郎家的亲戚在那里等着迎亲,用装满佳肴的食笼、庆祝的美酒来交换嫁妆。然后换新郎家的人来抬箱子,一直抬到新郎家。到了之后,媒人牵过新娘的手,带她转每个房间,和新郎家的人见面。这个藏着漂亮新娘的大箱子,如今摆放在梅的房间里。

梅从傍晚开始疼的事情,家人们都知道,但她每天都会发作一次,大家也没太留意,那天也没顾得上。

异常出现在晚上九点左右。梅在大箱子旁边上吊自杀了,被发现时已经断了气。她身上穿着和服,是那件有重要场合时她外出穿的衣服。和服外面套了件带花纹的短外罩,脚上是一双全新的白色短布袜。看起来非常正式。

宴会的热闹气氛还未淡去,可梅却在腿脚的疼痛中陷入深深的孤独,最终一刻也忍受不下去了。

我把佳代的方言转换成普通话,大概是这个意思:

>婆婆每天都让我给她打止痛针,她自己也在吃药,但她疼得在家里站都站不起来,更走不了路,几乎每天都躺在床上。加上我们家那口子也一直体弱多病,看了好多年医生,

还是不断恶化。婆婆自杀前那段时间，他们母子俩都经常跑诊所。婆婆很疼爱这个儿子，不忍心看他这个样子，她自己身体又不行，使不上力，帮不上忙。所以我猜，她可能在想着自己能不能死在孩子前面。万一反过来，孩子先死了，留下自己这把老骨头在世上可怎么办？她肯定接受不了这么沉重的打击，一直在担心这个事情吧。她走之前，常常和我说什么怎么办之类的，可能觉得给家人添麻烦了，心里过意不去。我现在想想，她当时应该是很想听我们说，不用担心，或者让她做做这个，干干那个吧，毕竟她太在意周围人的眼光了，又不喜欢被人照顾。谁都不想给别人添麻烦，但她在这点上格外要强。我想她一定是考虑了很多，才走到了这一步……

村里的生活很快乐

那天晚上我见了 A 先生，他是这个村里的小学老师，在这里工作了很多年。他告诉我，大时代的浪潮不可避免地冲击到了这个山村，时代变化之猛不仅改变了村里人的生活状态，也刺激了村民们的心理状态。从他的话里，我感受到了一个对这里怀有深情的人，眼看着这里的孩子、孩子的家人以及滋养着村民的山河，一点点走远的痛惜和遗憾。

我开门见山地问，为何村里的老人会选择自我结束生命。他没有直接给我答案，而是向我讲述了老人们的生活发生了怎样的变化，在这种变化里，老人们又如何失去了他们的安身之处。

他说："以前大家都住茅草屋房子，进门的地方都会养牛啊马啊，只要有人走进来打招呼，牛就会伸出脖子瞅一瞅。家家户户都有一个很大的院子，可以养鸡还有兔子等小动物，给动物们喂食也是老年人和孩子们的活儿。但后来城市里的小洋房取代了茅草屋，大家也不怎么养动物了，老人们能做的事情突然减少了一项。我认为，生活状态发生剧烈变化的同时，老人们能发挥作用的舞台也在渐渐消失。"

老师还举了一个类似的例子，说抽丝这种工艺也失传了。据说这一带山区盛产一种叫青苎的植物，老奶奶用嘴和手指尖把青苎皮和茎里的纤维撕得细细的，再缝起来做成丝，抽丝是这里非常出色的传统工艺。然而，就在最近的十三四年间，这种工艺基本看不到了。

村里的老人们还擅长一种手工活儿，就是用稻草制作生活工具，这也是山里生活必不可少的技能之一。编草绳、做草鞋，还有编的茅草长靴冬天在雪地里走路非常好用。秋天收获时背的背篓、戴的草帽，还有装粮食用的草袋子，也是干农活少不了的工具。这些东西一直以来都是老人们亲手制作的，也只有他们会做。

"还有很多料理也是奶奶们一代代传下来的，但好多也在餐桌上消失了……"

比如，朴树会开出很大的白色花朵，它的叶子也很大。插秧季奶奶们会摘下大片的朴树叶子，在上面撒一层黄豆粉，再把刚蒸好的糯米小豆饭放上去，最后再撒一层黄豆粉，用叶子包裹好后拿稻草绑个十字形，等到插秧快结束的时候，直接拿到田里去。

"大家坐在田地边儿,大口大口吃起来。刚出炉、热乎乎的米饭和朴树叶散发出来的淡淡香气融合在一起,别提有多好吃了。我问过奶奶们,她们说,黄豆粉啊,就是稻田里的花粉,是为了祈祷丰收。大家吃的时候会想:啊,今年的插秧也结束了……心里有股期待的喜悦。对农民来说,老人们做的这个料理是最让他们开心的一种食物。"

插秧后一个月,就是男孩子们的"端午节"①,奶奶们会做"粽子"。到了秋天割稻子的季节,要吃"收割糯米团子"。和邻居们分享包裹着满满的豆沙馅儿的大大的糯米团,这是表达喜庆的方式,也是为了庆祝这一年也能平平安安收获了粮食。

等收割的季节结束,村里就要下雪了。这时,家家户户开始准备招待田人。田人是来家里帮着干农活儿的人。以前的习俗是大家族里的人相互帮忙,互相提供劳力,共同完成农业活动,也叫"换工协作",在这一带叫"好事"。招待这些来帮忙做"好事"的人或他们的孩子,就是"招待田人",这是非常丰盛的宴席。

"每个人都有一套精致的食物,是家里的奶奶辈还有妈妈做的拿手蔬菜料理,用深一点的大碗、浅一点的平碗,还有像小壶一样的碗分开装着。醋拌萝卜丝、白芝麻酱拌豆腐块、蔬菜魔芋、芥末酱拌蔷薇草……看起来很朴实的家常菜,但味道真的特

---

① 日本的端午节由中国传入,但经过多年的发展,已经成为具有当地特色的节日。日本政府自一九四八年起把每年的五月五日定为儿童节。这一天家中有男孩的家庭,会在庭院里悬挂鲤鱼旗。

别好。要是今晚在这家吃,那明晚就会在另一家,后天还有。那段时间每天都有吃不完的美食,特别开心。而且,每个季节都有每个季节的期待,像生活里的节目,大家相互招呼着吃吃喝喝,乐趣特别多。做小豆粥、打年糕……这些活动的主角永远是老人们,他们忙着准备食材,迫不及待地给子孙们展示自己的绝活儿。"

失去了心灵寄托

老师接着说:"宴会结束后,家人们钻到被炉里,孙子们会缠着奶奶讲过去的传说。奶奶就会讲,很久很久之前,有一个老奶奶……孩子们安安静静地坐好,食指放在唇上表示不要发出声音。有个孩子还专门写了一首诗,描述这个场景。不过,现在都变成了母亲做这件事情……"

老师教过的一个女生,写了下面这首诗。

奶奶讲那过去的故事 (铃木荣子·小学五年级)

那是,我们还没上学的时候。
寒冷的暴风雪天里,
我们叽叽喳喳地说:
"奶奶,给我们讲故事吧!"
"就现在,讲吧!"
于是,奶奶说:
"好,我现在讲,你们躺进去。"

现代弃老传说

我们欢呼着,
每个人拿来两个坐垫,折叠一下,
当枕头躺着。
最右边是洋子,然后是节子、町子、景子和我,
我们是表兄弟姐妹,
但我们都是奶奶的孙辈。
大家只把头露出被炉,
安静地听着。
奶奶让我们不要发出声音,
深深地吸了口气。
她闭着眼睛,
开始讲起来。
"爷爷和奶奶,
有三个女儿。"
"嘘——"
这是猴子变成了自己女婿的故事。
外面狂风暴雪,
被炉里暖和极了。
奶奶的故事,
不知道什么时候讲完。
我们中途打了好多次呵欠。
"有一点点重,
猴子从树下掉了下来,
一点点,死掉了。"
这时候,

> 最小的节子，
> 已经沉沉打起了呼噜，
> 睡得格外香甜。
>
> 奶奶前年去世了。
> 我们再也不能，
> 听奶奶讲那过去的故事了。

老师说:"这种场景在孩子们升中学后就少了，加上我们客厅里普及的电视机对孩子们更有吸引力，自然听不到爷爷奶奶给孙子们讲故事了。这首诗的最后——我们再也不能听奶奶讲那过去的故事，其实是一种象征表达，我每次读到这里，都感慨很深。"

以前，老人们在家里可以做很多事情，帮很多忙，也能在家族里找到自己的安心之处，但如今他们的生活变成了什么样呢？

"家里基本没有他们可以做的事情，农活儿也被机器取代了，他们能发挥能力的空间，一点点被挤压，直到完全消失不见。之后出了减反政策[①]，每家每户都用上了机器，男人们都希望尽快用机器干完农活儿，好早一点出去打工挣钱，多赚点现金回来。所以，为了拿到更多现金收入，人口都外流了。"

这样一来，无法赚取现金的老一代人，逐渐失去了自己的舞台。

突然到来的现金时代，一旦开始就无法逆转，改变了很多生

[①] 减反就是减少田亩数。减反政策是指，政府通过强制调控来控制水稻种植面积，已于二〇一八年全面废除。

活形态。

"看看孩子们的生活就知道了,虽然这里比不上大城市,但也变得洋气很多。衣服多了,上了中学有了自己的房间,家里基本都有两三台电视,还有音响。连大城市里来的老师见了都吓一跳。我听中学的老师说,父母们多在外地,常年不在孩子身边,产生了不少负面影响,因为孩子想要什么他们都尽量满足。反过来,孩子们也被物质深深吸引,希望长大后能离开山里,去大城市发展。站在老年人的角度看,他们更觉得自己一无是处,碍手碍脚,找不到存在感了,即便他们自己不想这样,也没办法改变。"

也有孩子用温柔的目光,敏锐地捕捉到了这些老年人的神情。

奶奶　　(斋藤昌·小学五年级)

奶奶在餐桌上坐得有点歪。
她从下面开始剥着吃。
她在吃腌萝卜和煮白萝卜。
她紧紧地端着碗,
什么也不说,只是吃饭。

我们,
吃的是咖喱。
奶奶的腰,
弯得厉害,

她的影子越来越深,
她只是在吃饭。

人生的终点 （丸山法子·小学六年级）

我问奶奶有多大年纪,
她说:"我也不知道啦。"
好像是八十五岁。

奶奶,
已经不是家里最需要的人了。
她的身体动不了,
脸上布满了皱纹。
她好瘦好瘦,
背好弯好弯。
我们有时候,
分不清奶奶的脚和被炉的桌脚。

奶奶的梦话,
是我小时候调皮时,
她骂我的话。
奶奶的睡脸,
看起来像在回忆着什么。
从明治到现在的时代,
也是守护着我的时代。

她好像在怀念,

可以干活儿的岁月。

她一直干一直干,

干到了现在,

也上了年纪。

但是,

大家都觉得奶奶是麻烦。

奶奶自己,

也觉得自己是麻烦。

我看到跪在佛坛前的奶奶,

常常忍不住想,

"人生,到底意味着什么呢?"

老人的内心无法得到满足

老师站在孩子的角度忧心忡忡地说,老年人没了自己的舞台,在家里的地位逐渐衰退,也会对孩子的人格造成影响。

因为孩子们和爷爷奶奶在一起的时间比和父母在一起的时间还长,老人们要是瞒着儿子、女儿夫妇,无限溺爱孙辈的话,孩子长大后很容易成为没有耐心的人,做事情也冒失鲁莽。

"所以,我在我们学校提倡在家里重视老年人的地位,也积极推进'向老年人学习'的活动。比如,邀请老年人到学校来,教孩子们用草绳制作工具,也鼓励家长多带孩子去田里一起插秧、割稻子,让老年人教孩子干农活儿,还可以在这个过程中告诉孩子'这是你负责的西红柿哦',让他们更有责任感。我们希望家长能这样培养、教育孩子,通过这些活动从老年人身上学到各种各样的知识。如果学校能介入这类活动,和家长达成一致,老人们,也就是爷爷奶奶们,也能再次感受到自己的作用,我想他们很愿意做些事情。进一步说,他们努力的样子,也会改变家人对老年人的看法和态度。"

也许,孩子们会发现,爷爷除了酒后爱找事,还有他们没见过的模样。

爷爷　　（增根稔幸·小学六年级）

爷爷一有什么事情,
就会叫朋友到家里来。
和朋友开怀畅饮,
唱歌,
喧闹,
喝得不亦乐乎。
每到这时,
爷爷都会突然提起他另一个儿子的事情。
说他在我这个年龄,
死了,
一直说这个儿子的事情。
"事到如今,人都不在了,说什么也没用了。"

奶奶的眼眶，

红了。

为什么死了呢？
生病？
战争？
或者，突发事故？
我没有问。
为什么死了呢？
我不问。

爷爷，
哭着，
继续喝酒。

见了A先生后，我又拜见了几位老师、老年人社团的负责人以及从事社会福利的工作人员。我始终想不通，老人们为什么自杀呢？通过和这些人的交流，我捕捉到了一些线索，能稍微走近赴死的老年人的内心。我稍作梳理，总结了以下几点值得探讨的地方。

首先，是老人们丧失了自身的作用。随着农业生产向机械化、生活方式向都市化转型，老人们无论在农地里还是在家庭里，都渐渐失去了发挥能力的空间。加上他们经历过长期的贫困，觉得劳动本身就是活着的意义，也是活着的乐趣。对他们来说，没有什么比"没事情做"更无聊的了，失去了"活着的奔头"，也就意味着失去了踏实的存在感。

在此基础上，少子化也在不断加剧。以前，老人身边可能有六七个孩子围着转，照顾好孩子是老人的重要任务，他们也乐在其中。但这样的时代一去不复返，留给他们的不仅是无限的孤独寂寞，还有存在感的缺失，因为没有地方可供他们发挥余力。

世代更迭，山村里的生活也发生了天翻地覆的变化，甚至变得和城市里一样方便。一辈子习惯了山村生活的老人们难以适应突然到来的新环境，这在一定程度上加重了他们的疏离感。于是，老人的活动范围渐渐收窄，进一步加深了孤独感。

其次，过去很多和生活相关的传统活动，通过劳动与周围建立人际关系（集会、聊天、招待、吃饭、唱歌等），老人们作为活动主角从中得到很多满足，但如今这些活动少了，老人们也会觉得生活里的乐趣被剥夺了。

劳动的喜悦、生活的乐趣是人类生机勃勃生存下去的两大动力，但这两点都远离了现在的老年人，导致他们内心空虚、寂寞，每一天都变得了无生趣。

万一生了病，身体活动变得不方便，这种无助的空虚和寂寞会进一步加深，他们甚至觉得自己是多余的存在，是家人的负担，活着也是累赘。

于是，他们忍受着日复一日的不自在，尤其是那些卧病在床的老人们更会觉得，自己不但不能帮着进行生产活动，还不停地给家里添麻烦。

世上有各种各样的人，有人是守财奴，死守着辛辛苦苦打拼下来的财产；有人顾及家人，担心自己生病会给下一代造成经济负担。

地方社会虽然给这些老人提供了支援,但老人们还是很难适应死板的福利措施,很多人并没能真正享受这些。看来,经历了穷困时代的他们,还没有学会享受劳动之外的人生乐趣,何况自身也缺少技能。即便我们觉得社会已经提供了各种便利服务,但终究与老人们无缘。于是,他们内心的一块空洞始终没能得到满足,而是朝着孤独的方向越走越远,最终涌起了死的念头……

— 望乡之歌 —

不愿顺从时代

　　老人们的生存状况不容乐观，但父母这一代的负担也很沉重。在减反政策的影响下，山村里的生活一天比一天严峻。十一月初，秋天的农活儿一结束，男人们又不得不外出务工。他们离开没多久，山里就会迎来雪季，雪花飘飘洒洒地落下来。

　　下面这首题为《雪》的诗，是一个小女孩写的，她现在已经结了婚。听说最近她和先生、孩子一起重返了母校，再次读到这篇很久之前的作品，她发现现在的孩子面临的状况和她当时没有太大区别。只不过和从前相比，皑皑积雪覆盖着的农田因为减反政策而更荒芜了，举家离开村子的人也越来越多了。

　　雪　　（高桥薰·小学六年级）

　　雪，无声地下着，
　　很多雪花飘舞着落下。
　　附近的山，
　　朦朦胧胧，看不清了。

早上，
爸爸登上了，
七点五十分去东京的大巴。
那时候，
雪，
还没有，
下这么大，
仿佛，
雪花是为了追赶爸爸才下这么大。
爸爸应该已经登上火车了吧……

下面这首诗描写了爸爸外出后，妈妈和孩子的生活场景，生动感人。

妈妈　　（中村喜代美·小学六年级）

"喜代美，帮我挠挠背。"
我的妈妈，
这么命令我。
我不情不愿地，
从衣服上面开始挠。
"从下面，从衣服下面挠。"
我有点不耐烦。
伸长手指甲抓妈妈的背，
帮她挠。

// 燃烧未尽的晚景

然而,
妈妈,
什么都没说。
我决定不用指甲了,
温柔地,
一点也不疼地帮她挠。

妈妈早上五点半就起床了。
去田里干活儿。
八点出门,
去大荣机械。
晚上到家已经六点了。
夜里还要收拾卫生,
不停地忙。

她的脚皲裂了。
她的手很粗糙。
她和爸爸一样,
辛辛苦苦,
手指甲变黑了,
白头发也多了。

"再下面一点。"
背都挠红了。
她的背看起来瘦了,

III 现代弃老传说

我轻轻地、
慢慢地、
帮她挠。

我去拜访了一位叫草野和作的歌人，是 A 先生介绍认识的。他是昭和第一代出生的人，现在在小学里做行政工作。一九五二年出版的《昭和万叶集》里，收录了他的两首诗：

金玉其表，复兴达成，满街喜庆，庆祝的纸飞机如雪花飘舞。

——新日本歌人

团结、罢工，都失败了，百姓们义愤填膺，你应征入伍。

——同上

以朝鲜战争的军需供应为契机，日本快速从战后复兴期迈入了经济高速增长时期。那个年代里，自卫队以警察预备队的名义成立，右翼势力又有了抬头的趋势。这位山村里的歌人敏锐地观察到了这些变化，背井离乡的人多了，田地一年比一年荒芜……他侧耳聆听着故乡不断衰朽的声音。

于是，他写下了这首《离农》。

明天离开后，这里会被雨雪浸湿。我仿佛听到了，你敲打钉子的声音，把窗户封死。
我撑着伞，看着被丢弃的家具器物，我不愿顺从时代。

邻居离开了，他们家从今天起不会亮灯了，只有冬天的明月高悬。

被舍弃的小猫在悲鸣，叫声回荡在雪空中，夜色更悲凉。

衰老的尽头，是让人胆战心惊的妙高山①，那里白雪皑皑。

一年又一年，老龄化加剧，我们村十年后，也很恐怖吧。

为什么会有源源不断的人离开家乡呢？

只靠农业生存下去非常艰难，这一带山村的冬季尤其难挨，积雪有时会达到五六米之深，环境极其恶劣。每到雪季，"除雪"，也就是清除屋顶上的雪，成了每家每户的工作。如果放置不理，厚重的积雪很可能把房子压垮。然而，刚除完，雪又积了起来，真是一场苦战。不仅如此，去邻居家的路也要自己清扫出来，无法通行的话，自家就更孤立无援了。

如果邻居离农了，还要帮着清扫出去下一户邻居家的路。当然，附近的寺庙、神社、消防队、公民馆等公共组织也会帮着一起除雪。可随着离农的加剧，农村人口急剧减少，除雪的重任压在了越来越少的村民身上。这反过来又进一步刺激了离农，村落也渐渐丧失了集体意义。一旦村子里有人离开，很快就会引发更多人离开，于是便发生了雪崩式的人口骤降。

---

① 跨越新潟县西南部妙高市的一座海拔两千四百五十四米的复式火山，是日本百座名山之一。

追上离开的老人们

七十二岁的惣次和七十岁的妻子Nui就生活在这样的村子里。他们村原先有五百户人家,独立成村,但过去二十年间,户数减少了将近一半,成了这一带人口流失最严重的村子,以至于被并入了隔壁村。

惣次家的房子在村里算是老旧的。一九八一年八月,一家人搬出了世代住惯的旧房子,离开了村子,他和大女儿俊子,还有两个外孙搬去了新地方。

俊子的先生在农协①上班,但在一次骑摩托车下班的路上遇到了大雾,影响了视线,刹车失灵,结果从路上翻滚到山谷里,当场死亡。俊子带着孩子回了娘家,屋漏偏逢连夜雨,惣次脑溢血又发作了,半身不遂,干不了农活儿,Nui和俊子两个人靠田地勉强维生。

惣次一家搬的新房在埼玉县南部,紧挨着东京都,换乘私铁和地铁的话,一个小时就能到达市中心,也算是在首都通勤圈内。新房是针对上班族开发的新兴住宅。

从车站搭乘出租车十分钟后,一条高速公路出现在道路上方,垂直交叉,像一条直线往远处延伸。进入这个十字路口的辅道,可以看到路两边的崭新小楼房中间,夹杂着不少破旧的农

---

① 全称为"日本农业协同工会",在日本通常称为"JA",即英文Japan Agricultural Cooperatives的缩写,从一九九二年四月开始使用。

房，以及一大片一大片的田地。这一带都是这样新旧交织，有城乡接合部的感觉。

惣次家就在这附近一个拐角处。十几栋风格相同的木造二层小楼连成一排，其中一栋是我们的目的地。

俊子不在家，去工厂上班了，骑自行车加上换乘公交的通勤时间大概三十分钟。已经读初中的孩子们还没放学，只有老两口坐在客厅的地板上。地上用塑料垫子铺了一层。

"女儿回来了再和我一起去田里干活儿。我腰也弯了，干不了其他的，住村子里的时候总是给别人添麻烦。这里不下雪，也不用别人来照顾我，还能帮着照顾下外孙，所以我们才离开村子。什么都不管了，全都抛下了过来。"

惣次半身不遂，Nui有腰痛的老毛病，村里一下雪就得找别人帮忙除雪，否则根本没法生活。一狠心，他们抛弃了老家的一切，来到了这里。

"我们真的是贫民，没有税金。在村里只要有地，多少还有点固定资产，可到了这里，真是微不足道的人。"

惣次的口齿不是很清楚，是脑溢血的后遗症。

惣次自称是贫民。了解了他的故事后，我才知道其中的艰辛。

十六岁从普通高等小学毕业后，惣次就来东京打工了。那个年代，从小地方来东京的男孩子大多在荞麦面店、米店里当伙计。惣次也在老乡的介绍下，去了东京中野区附近的一家开中华面店的人家。他们家的大排档做得很大，到了晚上就卖荞麦面。大排档每天给惣次三十钱，让他走街串巷去吹喇叭揽客。

"大正天皇下葬的那段时间，只要不是下雨天，几乎每天晚上都没得休息。一到傍晚我们就从中野出发，从荻洼、田无、吉祥寺穿过青梅街道，一直走到五日市街道，最后再回到荻窪和中野。这条路真是够远的。那年月，东京的土地价格最低的才七十五钱，一碗荞麦面也要十五钱，相当于五碗面就能买一坪①地。"

一直到征兵检查前，惣次每年秋天外出打工，春天回老家务农。他家里有七个兄弟姐妹，弟弟们也先后出来当了帮工。

当时的女孩子们小学毕业后，大多去爱知县那边的纺织工厂，或者长野县诹访湖一带的制丝工厂打工。招工的人直接到村子里，用预付款召集一批年轻姑娘，带到工厂去。Nui 也是读完小学六年级后，跟着去了长野县谷冈的制丝工厂。这是那个时代才有的事情。

"那时候，女孩子能做的就是在制丝工厂和纺织工厂打工，或者在别人家里做女佣。大家翻山越岭地一直走到某地，还要睡一晚。有佐渡②来的，有柏崎③来的，各个地方的都有，大家集中在一起，再坐火车出发去长野。"

扣除宿舍的伙食费和其他费用，每个月到手五六日元。Nui 没有拿到预付款，于是非常努力地工作挣钱，把钱全都攒下来，一直等到年底。

"大概到了十二月二十日前后，大家回各自村里。那时候是最开心的，我把辛辛苦苦赚的钱装入信封，小心翼翼地带回家，拿给爸妈。"

在制丝工厂做了四年后，Nui 去了东京一户人家做女佣，工

---

① 源于日本传统计量系统尺贯法的面积单位，1坪约3.3平方米。
② 日本海东部的一个岛屿，属日本新潟县佐渡市管辖。
③ 日本新潟县的一个城市，面向日本海。

资也从五日元涨到了八日元。

"那时候一袋大米是八日元到十日元之间,很多家庭的父亲去做土木工程的活儿,一天只能赚二十钱到三十钱。家家户户都穷得很。"

荒废的农田越来越多

一九三四年,惣次服完兵役回到了老家,和 Nui 结了婚。

"是相亲吗?"

"连相亲都算不上。过去都是父母安排婚事,主要看中对方脾气好啊,或者能干活儿啊……"

"那等于彼此完全不了解……"

"结婚前连话都没说过。她还不是很想结,哭哭啼啼的,说自己小,不想结婚什么的。"

"结婚前一次也没见过?"

"没有。"

他们的第一个孩子是女孩儿,但一年半之后就死了。

"卢沟桥事变(一九三七年七月七日)爆发后没多久,那孩子就死了,又过了一周,我收到了入伍通知单,被编入了千叶县的野战重炮部队。站长说他在停车场才第一次见到征兵令,我们一开始都不知道战争会怎么样。大家还欢呼着给我们送行,在车站收到了好多千人针[①]和千纸鹤。之后我又被编入了高射炮部队,

---

① 二战中日本士兵的护身腰带、腹卷。

从宇品出发经过釜山、山海关,前往北京。"

征兵令解除没多久,很快又爆发了太平洋战争,他被再次召集入伍。

"高射炮部队也叫一九二部队,东京防空总指挥部就属于这里,我还被召集到了本部。后来在阿图岛①全军覆没的山崎部队,也属于一九二。我们紧跟着送部队去阿图岛的运输船队,从北海道的小樽到了目的地,算是护卫的防空部队。回来的时候还坐了潜水艇,好危险,后来总算回到了室兰。我们当时真的不知道局面已经很糟糕了。"

听惣次说着战争的事情,不知不觉天色暗了下来。Nui 在一旁做晚餐,偶尔插几句话进来。她的腰很弯了,只好坐着干活儿。她把菜板放在地上,切了点什么东西,倒入锅里。惣次继续说着老家的事情。

"大概七八年前,这里的一反②田地可以卖到十万日元,现在啊,田地也没人买了,树林也没人买了,主要是没人种田,田也慢慢荒了,野草也长起来了。田里施过肥,只要三年草就能长这么粗,看起来和树差不多。要是种点什么粮食的话,耕地表层还有五六寸的肥力,如果什么都不种,那肥力就弱了,慢慢也就风化了。看起来还是农田,实际上却种不了东西。"

"要是五年后、十年后,政府说要增产粮食,鼓励我们大力恢复农业,那么,这些农田的生产力都不好恢复,土地差不多荒

---

① 美国阿拉斯加州阿留申群岛中最西端的一个岛屿。在二战中,该岛曾一度被日军占领。一九四三年五月,美军为夺回阿图岛而与日军展开激战,岛上日军几乎被全部歼灭。

② 日语里表示土地面积的量词。一反大约九百九十二平方米。

了。再说，人也少了，谁来操作那些下地干活儿的工具啊？一下雪，工具也被埋住了。就算嘴上说要种粮食，但其实没那么简单。大家现在都不怎么自己种了，蔬菜啊腌菜啊都是买回来吃。"

"大概一九三一年，政府还提倡过指定到村的承包制，说山上的地可以让每个村子随便承包，耕种粮食。我们就把那些没开垦的山地全都改造成了农地。结果，之后又出了减反政策，整个村子都要响应号召，真的是太折腾了。"

"我准备离开村子的时候，带着女儿爬到我们村最高的那座山的山顶看了看。以前，山谷和山谷之间全是农田，水汪汪的，太阳一照，像镜子一样反光，真是漂亮啊。现在看不到啦！都成了荒田，一大片一大片长满了野草。只看到山上的路，修得倒是气派。可惜人都走了，只剩下路了。信越地区的深山老林里，竟然也修沥青路。"

"偶尔有上班族在周末从这里开车经过，但和我们当地没什么关系……人啊，总是活在矛盾中。"

在大城市的监狱里

织江和婆婆 Fude 与惣次夫妇是老乡，也搬到了东京。为了见她们，我特意去拜访了她们位于东京墨田区的新家。九月初，小型台风渐次登陆，下午经常遇到狂风暴雨天气，吹得一片狼藉。

我按照村公所给的地址，找了一圈，没找到。我盯着一户户房号，在大雨中继续找，最后终于找到了目标的二层小楼。她们住在其中一个房间里。

楼梯很明显是加盖的,与周围环境格格不入。我爬上去,发现没有门铃,轻轻推了推玄关的门,问有没有人在。我看到一个像是织江的女性,穿着无袖的贴身衣服侧身坐着,裸露的后背朝着门的方向。旁边的老人家应该就是Fude。狭小的厨房正对着六张榻榻米大小的房间,仅此而已。织江好像在看电视。

"我刚刚兼职回来。天气太闷热了,就穿成了这样……"

织江赶忙和我解释着,又拿了件薄连衣裙,懒洋洋地从头套在了身上。

"兼职?在这附近吗?"

"对,大概两个公交车站的距离。从一大早干到下午两点。"

织江是在一家中小企业工作,企业职工有两百人左右。她负责打扫办公室,包括擦桌子、清洗烟灰缸等。

织江的先生身体不好,婚后,她帮着婆家一起经营豆腐店。家里有地,自己也种田,辛辛苦苦养大了两个孩子。三年前,先生去世了,孩子们也从老家高中毕业了,一家人陆陆续续来到东京。儿子现在在电器店上班,女儿在信用金库[①]做行政工作。不过,孩子们没有跟他们住在一起,而是各自租了公寓。

"我们村子以前有七十户人家,我搬出来的时候,大概还剩不到四十户。做豆腐生意那会儿,起早贪黑,好辛苦,村里的人慢慢外流了,生意不好做了。老公死了,儿子和女儿也没打算回老家,我还要照顾婆婆,实在是没办法啊,只能出来。"

"你们租的房子一个月多少钱?应该不到十万日元吧?"

"贵死了!我一个小时才五六百日元,但房租就要四万五,

[①] 日本的一种存款机构,服务于中小企业和当地居民。

我累死累活也只够交房租。儿子成家了,他负担也重,女儿嫁人前也得自己攒点钱,我们也不可能让孩子们来照顾。"

Fude 今年八十六岁。织江说她耳朵背,最近有痴呆的倾向,我试着和她说了两句。

"阿婆,你身体好吗?"

"啊……您,是哪位啊……东京来的啊……我从山里来的,对东京不熟,不能出去。我只能待在家里……出去了,哪儿都不认识……"

我问织江:"如果在老家的话,阿婆会到处走走吗?"

"是啊,在这边没办法,只能这样子,从家里看看外面。"

织江说,婆婆最近聋得更厉害了,电视也看不懂了。雪上加霜的是,还出现了轻微的老年痴呆症状,有时候趁织江不注意就跑出去了,又不认识路。

"所以我出去上班的时候,哪怕出门买个东西,都得把门锁好。以前住村里,老太太就特别爱出门溜达。"

Fude 上了年纪后,特别喜欢找附近的朋友喝喝茶聊聊天,这是她唯一的乐趣,也是她每天的功课。她慢悠悠地到处转,有时候一天能喝上三户人家。

"她以前不怎么看电视,因为住村里,家里也没电视机,但住到这里后,生活太无聊了。以前还有些手工活儿打发时间,现在也不需要了,我有时候让她缝一些毛巾用,但也用不了多少,最后还是找不到事情做,只能这样一坐一整天。"

我们正聊着,Fude 突然站起身,朝大门口走去。外面还在下暴雨,但她好像很想出去的样子。

"如果只是去屋顶的平台还好,我会让她去。但是真的没办

III 现代弃老传说

法，我也不可能不上班，天天跟着她。"

Fude 盯着外面的大雨看了一会儿，又走了回来，无奈地坐下，看回一直开着的电视机画面，但她的眼神里没有丝毫波动。

没多久，Fude 又站了起来，打开了房间的窗户。对面是一堵灰色的墙，大概和这边相隔只有一米。Fude 探了探身子，在两堵紧邻着的墙中间努力往上看了看天空。

"婆婆，会淋湿哦，快关上！哎，她每天都要这样伸出头去看好几次，也怪可怜的……"

其实，这么说着的织江，在这个小屋子里也没有什么人做伴。即便是休息日，她在这个人生地不熟的大城市里，也没地方可去。

"开心的事情啊，嗯，基本没有吧，也就是看看电视。而且，将来万一婆婆病倒了，我就连工作都去不了啦。现在这样子，还算好的……"

Fude 一直坐着，看着我们，小声说着什么。

"什么？"

"刚刚没下雨。"

"下着呢。现在出去会淋雨的。她每天都这么嘀嘀咕咕的，要出门要出门……"织江无奈地说。

Fude 又说了什么。"……这是监狱……"

"嗯？阿婆刚刚说什么？"

"她说，不让她出去，不就和关在监狱里一样。就算她这么说，我也没办法……"

外面的风雨，更猛烈了。

（本章节引用的孩子们的诗收录于岩崎书店出版的《儿童日本风土记》和《日本的孩子们的诗》）

— 采访笔记 —

对普通人来说，过于清闲不可取

老年人患痴呆症有各种各样的原因。关于这一点，我在本书中有所提及。

我请教了老年医学专家后，了解到其中最常见的一类情况是脑血管出了问题，大脑功能受到损伤。所以我们要从年轻的时候就开始预防血管动脉硬化，防止血管老化，才能有效避免脑梗和中风的发生，以及老年痴呆的发生。

除了脑血管疾病，还有酒精性痴呆、脑脊髓液压迫引起的脑萎缩，甲状腺功能低下、维生素缺乏症、一氧化碳中毒等也是痴呆的发病原因。专家一再强调，无论哪一种情况，这些症状都可以通过早期检查及早发现，不能简单以为"老年人得这个病没办法""是自然现象"而置之不理，其实可以早发现早治疗。

然而，还有一类痴呆的病因不属于以上任何一种情况，当前医学界还没有找到相应的解决办法。但专家说，即便是这种情况，周围人如何对待患者，也会对病情的发展起到完全不同的作用：

这种情况就好像我们住的房子老化了，屋顶啊柱子啊都开始蛀了，但只要没有地震和暴风雨这种很剧烈的异常变化，勉勉强强还能继续住在里面。只是，一旦房子倒塌，我们就束手无策。意思就是说，就算我们的大脑在不断衰老，但只要继续维持相应的日常生活，就可以避免引起剧烈的变化。假如老人越来越健忘，我们很生气地吼他，就会加重他的病情，所以要尽量避免影响他们的稳定情绪。

像洗脸和洗澡等日常动作，我们完全可以让他们自己做，不去插手。要是他们能帮着家里打扫卫生，哪怕做得不完美也有助于病情的好转，最关键的就是不要剥夺他们发挥作用的机会。万一尿失禁了，我们也不要发脾气，而是要抓紧时间带他们去卫生间。我接触的一个患者家庭，先生是个非常认真的人，有洁癖，太太得了老年痴呆症后，每次尿失禁都被他骂得很凶，太太被吓坏了。而且，太太长年累月地做家务，现在先生连扫地都让她"不要做"，一把抢了过来。这其实非常不好。

另一方面，除了已经出现症状的老人们（推测占到了六十五岁以上人口的5%），大概还有两倍于这个数量的"预备役"老人。他们一旦被什么导火索刺激，极有可能成为老年痴呆患者群体中的一员。随着平均寿命的延长，成为这一群体的老人肯定会持续增加。如何改善这些老人的生活环境和健康状况，换句话说，如何避免导火索的爆发，是我们今后要处理的重要课题。

然而，老年痴呆的病因除了医生提到的血管问题等各种情况，是否也有一种情况是没有特定原因，只因人年龄大了而变得痴呆呢？大脑用进废退，是不是不用大脑也会容易得老年痴呆呢？

虽然这个探讨和本书主题没有直接关联，但我还是咨询了专家的意见。我把专家给出的"忠告"整理成了下面的笔记，供读者参考：

> 人上了年纪，腿脚老化，走路就变得困难。如果这个时候又遇到瘫痪，哪怕只在床上躺半年，很可能就不会下地走路了。腿脚得不到锻炼的话，会加速老化。这也叫"废用性功能低下"或者"废用性萎缩"。
>
> 大脑也是一样。人上了年纪后，如果不用脑，大脑也会出现萎缩。虽说这种情况和真正意义上的老年痴呆有区别，但临床表现出来的症状极其相似。比如，人生病了，骨折了，得了风湿，或者家庭遭遇了很大的不幸，老伴或者孩子离世后陷入孤独的状态，开始酗酒整天醉醺醺的。在这些情况下人都很少用脑，时间久了，人看起来就有点痴呆的样子。
>
> 据说人的大脑里有一百四十亿个细胞。人一生中会用到多少个脑细胞呢？即便是大脑最活跃的人，最多也只用到五十亿个，也就是三分之一左右，余下的都在预备状态。普通人的话，大概只用到了五分之一或者六分之一。
>
> 每天大概有十万个脑细胞会自动脱落，也就是脑细胞死亡，但处于预备状态的脑细胞还有很多，只要大脑活跃，就能启动这些预备资源，从而避免大脑退化。不过，大脑不用的话，预备脑细胞就不会被刺激到。脑细胞一直脱落，最终

会造成大脑功能低下。

我们不是经常遇到人退休后突然得老年痴呆的情况吗？很多人以为是人到了一定年龄，大脑突然发生的变化引起的，其实不是这样。所谓老化现象，在我们二十多岁的时候就开始发生了。这是一个缓慢的过程，而不是到了六十岁突然发生的。只不过到了退休年龄后，生活突然发生了巨大变化，这才是最致命的影响。

比如，有些男性退休前是公司老板，是某个组织的会长，有社会地位，每天都过得很忙碌，脑子也一直紧绷着，这在一定程度上刺激了预防老化的能力。可退休后生活一下子变得清闲，刺激源消失了，于是出现了退化。

另外，生活里缺乏安全感，也没办法充分用到大脑。虽然一直在强调要多用大脑，但还是有区别的。如果不留意，只是处于大脑疲惫的状态，也不能算是用到了大脑。

换句话说，老化现象会随着年龄增大而逐渐加剧。最好的预防措施是，我们随时调整自己的活动内容来适应大脑的变化。

通常来讲，艺术家大多能做到这一点，也就是说，那些从事自由创作的人往往能保持大脑更持久的活跃。他们能意识到自身的问题，于是一直在做事情，基本上不太可能得老年痴呆。反过来，如果不是出于解决自己问题的需要，只是机械完成外部给予的或者强制性的工作，一旦工作没了，人就会不知所措。以前的军人和公务员退休后，相对更容易得这个病。所以说，退休后的生活完全等同于老年人生活，非常不利于健康。

如此说来，那些上班族在青年和中年时期勤勤恳恳为公司做事情，努力完成工作的时候还不会出现问题。等年龄大了，工作被年轻人取代的时候，他们会突然感觉自己什么都做不了，也没有自己想要解决的问题，一旦陷入这种状态，就有可能引起老年痴呆。

换句话说，人即便上了年纪，也不应该减少自己的活动内容。如果我们观察那些得病的老人，会发现很多人会说"我不太会说话""只是虚长了年龄"之类的。他们觉得自己老了是没办法的事，倾向于选择清闲享福的日子。

清闲享福本身也没问题，但优秀的人往往能把老年生活过得丰富多彩。大多数普通人过于清闲的话，只是放任自己不断下滑，最终陷入茫然无知的境地。这反而对健康有极大的负面影响。

实际生活中，有的老人到了九十岁也身心健康，大脑思维敏捷。和年轻的时候相比，他们的记忆力确实有所下降，但看问题的角度、思考的能力，或者说作为艺术家的创造力等，基本没有任何退化。所以，认为人到了八十岁、九十岁，大脑一定会退化的想法，俨然是个错觉。

由疾病引起的大脑退化另当别论。比如，康德到最后也得了老年痴呆，日本也有很厉害的人拿了很多奖，最后得了这个病的情况。由脑部变化引发的这个病，即便大脑活跃也没办法阻止病情的恶化。

每个人都有需要别人照顾的时候，但可以的话，我们还是要尽量推迟这个时间的到来，或者尽量依靠自己独立生活。这是我们面对未来，需要全社会一起努力的方向。

两个人都倒下的那一天还是来了……

《朝日新闻》（一九八四年三月十八日）的《生活片刻》专栏里，一篇投稿引起了我的注意。作者是一位住在埼玉县越谷市的二十六岁主妇。

前几天我在广播里听到一个新闻，说"一个九十岁的男性勒死了生病的妻子后，暂缓处分，被横滨地方检察院释放"。老年问题确实是生活里必须面对的课题，但更让我眉头一紧的是"长子的媳妇申请她来负责照顾老人，于是检察院作出了释放的决定"这句话。

一瞬间我甚至怀疑自己听错了，因为广播台是NHK。我又翻开《朝日新闻》的晚报看了看，确实写着"长子的媳妇辞去了一直在做的兼职"，我惊呆了，没想到媒体会使用"媳妇"这个表达。

"媳妇"多用在"成了新娘""嫁了人""我媳妇"这类用词里，尤其是"新娘"，给人特别美好的感觉。这个词渗透在了我们的日常生活里，用的时候不会特别留心。所以，用在这个新闻里，应该也没有人会觉得不妥吧。

但我却在里面听出了一种不舒服的语气，像是"为了家庭而被迫牺牲的女性"，甚至这个事件的报道本身，都多多少少包含着对"长子媳妇"的无声指责。实际生活中，有多少儿媳妇在长年累月地照顾老人，坚持着一个人的恶战，但

"照顾公婆是儿媳妇的本分"这种观念,在全社会仍旧根深蒂固。

可是,面对今后的老龄化社会,老年问题会越发严峻,只简单想着"照顾老人是儿媳妇的责任"根本没办法解决问题。当我们在摸索老人的公共福利和地方政策的同时,是否也应该重新思考一下,在新闻报道中把"长子的太太"特意强调为"媳妇"合适吗?

投稿的标题是"在报道中被称为'媳妇'的长子太太"。我承认我是被标题吸引的,但这位主妇谈及的新闻报道本来也引起了我的注意,所以读到这篇投稿的时候,有种"啊,果然出现了这种反应"的感慨。

这次事件发生在二月二十四日。住在横滨的一位九十岁老先生在照顾了八十一岁的瘫痪妻子一年半后,不堪忍受辛劳,把妻子活活勒死了。

老先生回忆起那天夜里,妻子说"身上有点痒",他就帮着挠,结果妻子又说这里也痒,那里也痒,还有点暴躁,一开始只是想按住妻子的手脚,但没按住,他一个闪念,就掐了脖子。老先生很快被逮捕了,但在三月七日,横滨地方检察院作出的判断是:老人照顾老年痴呆的妻子压力很大,在激情状态下犯下罪行,考虑到老先生本人年龄也很大,身体虚弱,不适宜处以刑罚。最终,地方检察院决定暂缓处分,将他释放。投稿所针对的那篇报道只不过传达了这个结果。

《朝日新闻》写的是:"嘉一(先生的名字)透露现在'想轻松一点',地方检察院担心他被释放后有自杀的可能性,但长子的媳妇提出愿意辞去之前一直在做的兼职,和嘉一住在一起照顾他,于是检察院决定释放。"就是这段话引起了这位主妇的不适感。

正如投稿指出,释放条件的背景确实容易让人感觉到一种社会"常识"深嵌其中,好像"长子的媳妇"理所当然要照顾高龄的公婆,甚至还有种无声的指责,觉得之所以发生这样的事情,就是因为媳妇没尽到责任。报道使用的"长子的媳妇"这种表达只是无意识地渗透了这种社会"常识",但还是引起了投稿女性的注意。

的确,把照顾老人的责任推脱给"媳妇"的局面没办法持续了。根据全国社会福祉协议会调查作出的《老人看护的实际情况》报告(一九七九年),照顾老人的看护者年龄分布中,五十岁以上的人最多(24.2%),接下来是四十多岁的人(23.4%)和六十多岁的人(21.8%),七十多岁的人占到了14.9%,八十多岁的有2.7%。

也就是说,六十岁以上的看护者大概有四成,而他们自己既是老年人,又需要照顾老年人。

无须赘言,这些高龄看护者的身体负担更为沉重,七十多岁和八十多岁的看护者中,大约有四成表示"太疲惫了",而七十多岁的看护者中,又有35.8%的人反映"睡眠不足",33.5%的人反映"腰痛"。随着平均寿命的延长,看护者的年龄会越来越大,为看护者提供援助也显得越来越有必要。如果援助不够充分,结果只能是看护者和被看护者双方都倒下。

日本社会在这方面可以提供多大程度的支援呢?虽说日本一向被称为经济强国,经济实力震惊全世界,但老人看护的实际状

况却让人心寒。如本书在前面提及的,每一万人的家庭护工(家庭服务人员)数量在不同国家的情况如下:

瑞典——89.4人

荷兰——53.5人

丹麦——31.9人

英国——9.5人

美国——3.8人

与上述国家相比,日本只有区区1.1人(厚生劳动省儿童家庭局一九七六年的数据)。

这种状况在过去几年也没有得到任何改善。日本一九八四年的年度预算高达五十兆六千多亿日元,但福祉(社会保障相关费用)部分的增长率仅为2%,仅比上一年度的历史最低值高0.6%。家庭护工的增长情况也不容乐观,仅仅多了一千六百三十人。即便算上增加的人员,日本的家庭护工数量也还不到两万人,完全无法和瑞典、荷兰、英国等国家相提并论。

过去人类的平均寿命相对没那么长,且多为大家族聚居,彼此可以提供帮助,但如今的家庭规模多为四人,独生子女也越来越多,以后谁来照顾老人呢?九十岁的老先生杀死自己的老伴这件事,已经给我们敲响了警钟。

老人是负担吗?

加津枝是本书采访过的一位主角,七十二岁的她写过一首歌:

一想到人生有限，

我也想做尽情燃烧自己的女人啊，

哪怕只有一次……

我甚至参考了歌里的一句，用作本书的题目。加津枝有三个儿子，我们去采访她的时候，她和长子夫妇一家住在关西地区的某个小城。房子是新盖的"豪宅"，有七个房间，加津枝却哀叹着说，和家人们在一起的生活痛苦、寂寞、难以忍受。

"我自己的婚姻生活已经很惨了，我希望儿子们至少能选择一个自己满意的老婆，和这个人在一起就算死了也愿意的那种。所以三个孩子都是自己找的对象。"

她的长子以前在大型超市上班，一路晋升到课长，在公司里遇到了现在的太太。

"儿子有一天说'妈妈你见一见未来的儿媳妇吧'，我见是见了，但对儿子说，你喜欢就行，我都接受。"

加津枝真是这么想的，但好像亲家悄悄对儿媳妇作了提醒："男方喜欢你倒是很好，但以后你这个婆婆啊，少不了让你哭的。"

"儿子说'我在公司里留意了她一年半，认定了这女孩儿'，看得出来儿子是真心喜欢。我其实也没打算和他们住在一起。说起来，这个儿媳妇也挺可怜的。很小的时候母亲就不在了，父亲再婚的对象带着两个孩子，等于是被继母养大的。所以这女孩儿很少在人前示弱，连流眼泪都觉得很傻，大概小时候被管教得特别严吧。我看电视看到感动的情节，眼泪哗哗地流，她却说'哎呀，这有什么可怜的，都是假的'，有时候让人觉得挺刻薄的。说是铁石心肠吧，但也特别坚强，儿子也很依赖她。"

加津枝的先生去世后,她和还没成家的三儿子住在了一起。她当时完全没想到,自己之后的老年生活会像乒乓球一样在三个儿子之间被推来推去。在二儿子家住了七年后,她搬到了大儿子家,和那个坚强能干的儿媳妇每天抬头不见低头见。

她说,刚开始住一起时,关系还没那么差,但儿子儿媳的态度,一点点变得让人难以接受。

大儿子婚后辞去了大型超市的工作,利用之前积累的与超市相关的食品行业资源,和儿媳一起创办了食品公司。小公司做得顺风顺水,业绩年年攀升,客户范围如今已拓展到周边城市了。

每天早上,儿子儿媳和读初高中的两个孙子都像打仗一样慌张出门。每个家庭的早晨都是这个场景,可他们家没一个人对加津枝说"我走啦"。更奇怪的是,只要加津枝在家,别说儿子儿媳的房间了,连孙子的房间都被紧紧地锁好。

"不知道什么意思,我又不会偷窥什么的,完全没必要嘛,结果他们还是咔嚓咔嚓把门锁上。从我搬过来到现在,我只去过两次二楼。而且,他们还不让我用电话,用胶布在数字键上贴个十字。我现在想打个电话,还得去附近的公共电话亭。"

加津枝一般等家人都出门后,才一个人开始吃早餐。住在一起后,他们一次也没有全家人一起吃过饭,早饭和午饭也从没有给她准备过什么食物。加津枝都是自己去买面包或者便当,或者备一些昆布和腌咸菜,用剩下的白米饭做茶泡饭,差不多就是这样解决伙食的。

"冰箱里有香肠和鸡蛋,但儿媳妇心里都有数。我之前吃了,她直接问我:'妈,你为什么吃我们的东西呢?'这还算好的,最讨厌的是她不跟我说,而是对儿子和孙子说:'肯定还吃了其他东西，明显少了。'"

晚饭她也会把自己的和家人的分开做，在他们回家前吃完。

"虽然我嘴上说'不好意思我吃过了'，但我吃的都是煮南瓜啊一袋咸海苔之类的简单料理。他们四个人倒是坐在桌子上吃得有说有笑。我只能回自己的房间，太难受了。"

加津枝的日常用品也和家人分开，自己买自己用的东西，厕纸、肥皂、洗衣液、漂白剂、茶叶……

在儿子家过得胆战心惊，小心翼翼地看每个人的脸色，加津枝有时候忍不住憋一肚子火儿。

"虽然他们嘴上也说好啊好啊，谢谢哦，但态度特别不好，我生气的是，凭什么这样对我啊？每次这种时候，我就烦躁得很，连钟表的嘀嗒声都觉得吵，气得猛捶坐垫，或者拿剪刀扎推拉门的纸窗。"

砰！砰！连着扔几次，纸窗嘶啦一声被扎破的瞬间，觉得特别爽。本书在前面也有写到加津枝这种不为人知的隐秘的快乐。

加津枝说，她愤怒的源头不仅仅是出于对长子媳妇的抵触，还有亲生儿子对她的冷漠，甚至觉得她是麻烦，这种痛苦她无处诉说，郁闷日日加深。

"尤其是他俩一起创业后，变得更势利了，整天就想着赚钱赚钱，好像只为了钱活着。一到星期天休息，我儿子就说要自己打扫卫生，角角落落都搞得干干净净，然后拿出不知道哪里买来的山水画，挂在壁龛里。还有大黑屋买回来的摆件，也在壁龛装饰着。他小时候的成长环境这么穷，哪有什么兴趣爱好，现在像是为了满足从前的梦想一样，什么都要买回来，一发不可收。我有时候看到儿子头上都长出白头发了，也觉得他怪可怜的。"

那次采访见面过去了大概半年，我收到了加津枝的信。我的感觉是，孤苦伶仃的她，现在更孤独了。

谢谢您送给我《日本的幸福》。我读了好几遍，越读越羡慕染和志穗。

我在这个家里也待不下去了。儿子（长子）对我说："二儿子照顾了你七年，你在我们家也住了七年了，要是没人收留你的话，那就继续待在这儿吧。"可是这七年里，家里没一个人和我说话，我一点也不觉得自己幸福。连一日三餐都是我自己一个人吃的，这样住在一起等于没有家人。

儿媳妇说"下次该三儿子照顾你了"，但我从来没有听说过这样的话，就问她什么意思，她说一开始就是这么打算的。哎，为什么我一个老人就成了累赘呢？

其实住在这个家里，我从来没给他们添过麻烦。我自己用的东西都是自己买，电视机和电风扇也都是我自己带过来的。前几天我把冰枕放在了冰箱里，等我出门回来一看，冰枕竟然被丢在了冰箱外面，我当时就难过得不得了。后来发现日记本也被动了地方，肯定有人偷看了，还好没有写什么坏话。我昨天晚上真的是哭了一整夜。

这些事情我对谁都说不了，我辗转反侧地想，我该怎么办。老人真的是累赘吗？我在电视剧里看到，婆婆被儿媳妇欺负的时候，儿子和孙女都会来安慰老人家，看得我哭得停不下来。怎么就没人来护着我呢？好在我目前还能一个人外出，我觉得还算是一个小小的幸福。

继续这样生活下去，我自己都害怕自己会做出什么事情。会不会自杀？会不会纵火？我很努力地控制自己的负面情绪，每天累得不得了。我给某养老院写了信，如果他们愿意接收，我做好了抛弃一切、入住养老院的打算。

今天也是郁闷的一天。中午他们一家四口吃饭，叫都不叫我，吃完了，我儿子才说"留点腌咸菜让她做点什么吃"，结果桌子上真的只有腌咸菜。

我自己做了点茶泡饭，但嗓子眼儿怎么都不舒服，饭菜咽不下去，最后全吐了。人的神经系统果然很神奇，大概是我的身体在发出抗议吧。

我也很迷茫，到底怎么办才好呢？要不要入住养老院，不是一朝一夕能下定决心的事情。搬走之前，我是继续忍受着这种辛苦，还是说，趁着自己有意识早点结束生命好呢……

您多保重。只要我还活着，就会为您的事业蒸蒸日上而祈祷。

过去和我亲密无间的儿子，现在不过是儿媳的丈夫，离我越来越远。

我无法加入儿媳和孙子的聊天，只能独自写诗，忍受着孤独无边。

一想起不和我说话的儿子，我只有寂寞无限。

只好在白日梦里，想象着和他有聊不完的天。

这封信里微微透露了自杀倾向。我在字里行间还感受到，她很希望有人能听到她内心的苦闷，哪怕对我这样一个只是通过采访而结识的外人。之后过了几天，我去关西采访时，顺便再次拜访了加津枝。

"我最近一直在想着自杀。药都买好了。我感觉很难从谷底被拽回来了，太伤心了，不知道怎么办……"

加津枝这么说，但本人的状态看起来比给我写信的时候稍好。她和我说了两个多小时，好几次都声音哽咽。

"（如信里所写）这段时间，儿媳妇说什么'你三个儿子轮着照顾七年又七年，后面已经没人愿意接管了'。类似的话她说了不少。然后我就问她，我怎么就成了个累赘呢？我哭着说：'我和你们生活在一起，从来没让你们照顾过我，这样也是累赘吗……'"

"然后呢？她怎么说？"

"然后，她就沉默了……"

每一天都是这样的日常，儿子和孙子不理她，加津枝一个人黯然待在自己六张榻榻米大小的房间里，把所有的思绪都写在了笔记本里。她把本子拿给我看，我读到了这么一段：

> 早上起床先照了照镜子，真不想看到这张又老又丑的脸。
>
> "你，是谁？"我问了问。
>
> 但镜子中的人也说了一样的话。
>
> "喂，你有没有一次觉得自己是幸福的？"
>
> 镜子中的那张脸静静地摇了摇头。出生后没多久父亲就去世了，后来生病、结婚、离婚、再婚，经历生离死别，经历战乱，又经历贫穷。活到现在真不容易啊。自己搭上性命辛苦养大的孩子们，如今却嫌弃我老了。

"好孤独啊。"

镜子中的那张脸悲伤得变了形,眼泪止不住地流下来。

"喂,不要哭。"

好不容易活到了七十岁,今天也要好好活下去,一直活到生命的最后一天。我离开了镜子,吭哧吭哧地擦了擦眼。

之后又过了半年,我收到了一封信:

久疏问候。天气渐寒,别来无恙?去年夏天,酷热难耐之际,您专程来某市看我,不胜感激。

我的状况没有任何好转,我已经彻底绝望了,一旦有什么不如意的事情,我就去神社寺庙。孩子们都有自己的家庭,我不想给他们添麻烦……

严寒之中,还望多保重身体。祝平安。

踏过七十载人生路,每次爬坡,双手都被雨水浸湿。

噩梦中惊醒,猛地睁开眼,发现是泪水浸湿了枕头,如此冰冷。

后　记

　　无论是孩子们的题材还是夫妻关系的题材，每次通过采访、写作等踏入一个新的领域，我都会遇到很多未知，挖掘到很多新知，甚至迎面撞上人性的不可思议和幽深复杂。我觉得这是这份工作的乐趣之一。这次围绕着"老年"主题，我也收获了很多新鲜的发现，但也被迫思考了很多问题。

　　比如，我在本书里已经非常直白地写过自己的感想，当我遇到那些晚年还能充分享受性生活的老人时，我觉得这是理解"性"的一个新角度。最近几年，日本的性风俗产业越发兴盛，随之也出现了不少面向男性的性生活用品，提供性技巧等方面的信息，市场反响相当好。但问题是，我没有在其中看到任何能启发人们去思考"什么是性"的信息，更不会让人去深入理解这一点。不仅如此，这些商品甚至把性和人的关系分离，演变成了一个下半身和下半身结合的事情而已。

　　风俗信息刻画的性激情四射，香艳浮华，与此相对，本书介绍的七八十岁的老年人的性生活，却像火苗即将熄灭般平静而安定，饱含着一个人与另一个人之间深深的联结。我在采访的过程中，深深感受到其中富饶的情感，着实温暖人心。

　　也许我想得有点远，但每次看到这些老年人的性如此充满人

后　记

情味，如此刻骨铭心，我觉得我们这一代在迎接老年生活时，不仅要追求一定的物质基础，还应该有更高远的目标，要储备好丰富的精神世界。

支撑着经济高度增长而出现的老龄化群体，不应该被看作产业废弃物，而应该让他们充分享受到符合老年时期的精神生活，享受每一天的日常，从根本上大幅提升要求的标准。我之所以开始考虑这些问题，大概也是因为按照通常的年龄划分，我自己也接近所谓的"老人"了吧。

此外，我在进行本书采访和写作的同时，也与采访团队一同在做另一个大规模项目的策划和实施——主题为"现代社会与性"的调查。虽然借此场合提及有些厚颜，但这份调查报告（文艺春秋《日本人的性》）可以成为思考性与生命这一课题的补充阅读。若读者能一起参考，荣幸之至。

追踪采访

— 走向生命最后舞台的男男女女们…… —

面壁哭泣的男人

"得了老年痴呆后,女性的情况会好一点,她们聚在一起比较热闹,容易开心,也容易开怀大笑……"A子医生这么告诉我。

A子医生所在海边小镇的精神病医院,从某中型城市的县厅所在地开车过去大概一个小时。她在这家医院里接触了很多患者,也和他们住在一起。

"毕竟,女性更喜欢扎堆儿,还可以聊一整天没什么内容的话。虽说脑子不清楚了,彼此间说得驴唇不对马嘴,但还是自顾自说着嗯嗯、是啊是啊、对对之类的,看起来聊得挺投缘的样子。有些不加入聊天的人就到处走,东走走西走走……"

"男性的情况如何呢?"

我自然很在意和我同一性别的人,也想知道我老了之后会遇到什么样的情况。

"男的啊,男的就相对可怜一点啦,或者说更孤独一点。他们不爱聚在一起,也不想和人交往。我前段时间还看到一位男性患者一个人对着墙,哭得稀里哗啦……"

是一位七十多岁的男性，他最近的病情有点严重。她走过去打了招呼。

"爷爷啊，怎么啦？怎么这么伤心啊？"

"大家都说我是个大懒虫，我明明做得很努力了，可是谁也不来夸我……"

"谁都没有这么说呀！别放在心上啦，快，别哭了。"

不知道是不是A子医生的话起了作用，老先生停止了哭泣，说："是吗？你能够明白我的心情吗？"

"听说这个老人年轻的时候特别能干，但不知为何，从住院开始就常常念叨：'你们都要听我的话，不要丢下我一个人，我很寂寞。'不过这样一个人，也有不为人知的一面……"

有一天，护理学校过来实习的两个女护士准备带这位老人去谈话室，他双手张开准备拥抱两人的时候，突然直接把两个姑娘的年轻身体紧紧搂住了，还大声喊着："来吧，我们做吧！"两个姑娘吓得仓皇而逃。

面对人生衰老的最后场景，男性和女性的区别不仅仅是合群不合群这么简单，还有很多其他差异表现。

A子医生工作的医院也设立了内科病房。医院的规定是，看护家属不能进入精神科病房，但可以在内科病房看望、照顾患者。

"我们这里的看护人员常常感慨，男人怎么会在妻子病倒后，照顾得那么细心呢？真是全身心付出……给妻子化妆，给她们按开关，小心翼翼地喂饭，帮她们排便，完了还收拾得干干净净，事无巨细。有些老年痴呆患者在家养病，丈夫也会做可口的饭菜，亲自帮着洗澡，不找别人帮忙，尿失禁了也会利落地收拾。不是一个人两个人这样，也不是特殊案例，我们遇到的这种老头儿还挺多的。"

想到一个场景

听了这段话，我想了想自己，对男性表现出来的这种温柔相当意外。男人真的会这么照顾别人吗？

不过，说起来，我想到一个场景。我母亲出生于十九世纪末期，几年前过世了，火化前的那段路程，是我近距离接触死亡的一段体验。A子医生的话让我不由得想起了这件事，我当时还为母亲的离开写了篇文章。话题稍微有些偏离，但我很想在此处引用一下。

※

梅雨的季节。我拉着母亲遗体的灵车穿梭在东京街头，急匆匆赶往火葬场。

很快就要到傍晚的交通高峰时段了，灵车从主干道突然转入一个狭窄的十字路口，驶入一片住宅区，又从一个小巷子拐入另一个小巷子，几乎没有刹车地向前狂奔。

"做我们这个生意的，就是和时间赛跑。"司机对坐在副驾驶位子上的我这么说了一句。

"要是遇上塞车，肯定会比火葬场约定的时间晚到，对方就会一直催。毕竟我们一天能拉几趟客人，决定了一天的营业额。所以啊，这个行业的司机比出租车司机还熟悉东京的大街小巷。"

然后，司机一边用无线通信和对方沟通着"收到，明白"，一边和我聊这个行业的内情，比如，平均每天运到东京火葬场的遗体数量，几百家丧葬公司在不同片区的业务情况，避开塞车才是决定生意成败的关键……

原来如此！人死了之后不早点运到火葬场火化，不早点烧成一堆骨灰，还会给这些人添麻烦呢……去火葬场的路上，我也变得有点火急火燎。

母亲活到了九十六岁。也许是时间宽裕，她近几年一直在整理自己的物件，有种收拾遗物的感觉，还在本子上写了好多备注和指示，交代着她死后我们该如何处理这些东西，随时等待着那一天的到来，也随时做好了准备。葬礼上要用的遗像，她都早早选好了自己满意的一张。

"就这么走了也很好啊。很感恩，很感激。这样就很好。"

每到夜里要睡觉的时候，她总是这么说着回到自己的房间。有时候还在折叠的广告纸上写上"就此关店，十分满足"，放在房间门口后再去睡觉。

她说过，活到这个年龄不算亏，要是能意识清醒着静静地离开，是最幸福的事情。我说"是啊，睡着的时候离开最好了"，她很欣慰地点点头。我们还打趣说，鼻孔啊身上啊插满了"意大利面"一样的管子，被机器监视着的日子还是算了吧，哪怕永生也不干。

但有一天，意外还是来了。突发了脑梗后，母亲基本上不能说话了。我们叫她，她也没有反应，喂她吃东西也吃不进去。这样下去的话，估计撑不了多久吧。我很迷茫，不知道怎么办。

最后，我还是听了医生的建议，帮母亲办了住院。果然，母亲满是皱纹的手腕和鼻子插满了管子。护士担心病人会无意识地拔掉管子，还用胶带把手腕给固定在了床上。我不忍直视。几周后，医院给我们下达了通知，说没有恢复可能性的病人无法成为治疗对象，建议我们转到提供专门护理的老人医院。

我去看了看，那里躺满了无法说话的老人，一样被缠绕着"意大利面"，呆呆地望着天花板。要这样迎接人生终点吗？母亲也要和这些活死人一样等来生命的最后一刻吗？我呆站在那里，感慨着，迎接死亡也绝非易事啊！

母亲病床的斜对面也是一位老妇人，鼻子里插着管子，一直熟睡着。有一位男性每天都来看她，从稀薄的头发和腰板来看，应该有七十多岁。他总是背着一个包，包带从肩头到胸前十字交叉，像过去从军的士兵，手里提着其他小包，还有购物袋，感觉是从很远的地方赶来的。但无论谁来探病，老妇人都没有反应，目光呆滞。

"喂！我来啦！你今天感觉怎么样？什么？什么？好啊好啊！"

男的大声和她说话，并不顾忌周围的人。

"我今天给你带了这个。怎么样，喜欢吗？不错吧？"

老妇人还是没有反应，但男的不在乎，继续大声说着，还给她掖了掖被子，整理了下衣服，摸了摸她的身子。

"今天感觉还行吧？那就好，也很开心吧？嗯！好……"

我假装似看似不看地，从头看到了尾。偷窥别人的隐私终究是很失礼的事情，我尽量注意，但对方拒人之外又满满外溢的温情，不经意传到了我这里，吸引着我的目光。

老妇人什么都没说，连眼睛都没动一下。对着这样沉默的躯体，男的还是不停说着话，时不时用手抚摸一下，听了听老妇人的心脏，像是在确认她的脉搏是否在跳动，他温热的气息就快要吹进她的身体。

啊，这就是所谓的"爱情"吧——我突然被这一点击中了。眼前这对老年夫妇轻轻飘过来的呼吸深深吸引了我，让我无法不凝视他们。

她不是活死人。而且，生命的终点一点也不悲惨。我的眼睛看着的，是一个个"活着的瞬间"，同时也是一个个"迎接死亡的时刻"。我看得如此入迷，难以转移视线。

照顾母亲的三周时间里，她总是紧紧握着我的手，一刻也不愿松开。我挺惊讶，她还这么有力气，像是使出了全身的力量抓住我。她的眼睛一直睁着，但找不到焦点，不知看向哪里好，倒是能盯住我的眼睛，一直盯着，好像能盯到我内心最深处，要通过眼神把所有的话说给我听。我还从来没有被她这么看过，好像我们是第一次见面的人。一瞬间的凝视，仿佛做了母子间漫长一生的清算。这个眼神，就是有这么神奇而强大的魅力。

像这样盯了多长时间呢？直到护士来暗示我探病时间到了，我才解开她瘦弱的颤巍巍的手。

第二天早上，家人都还没来得及赶到身边的时候，母亲离开了。

灵车顺利地按照预定时间抵达了火葬场，之后按照流程，遗体被运了进去。母亲的旅程算是落幕了。

我稍微松了口气，脑海中涌起一股无法抑制的思绪："好啦好啦，下次就该轮到自己啦。"我一直在潜意识里认为，无论孩子年龄有多大，都不能置年迈的父母于一旁先走一步。此时我从这种想法里得到了解放。而且，最近还越来越频繁地想，真希望自己能在完成使命后被允许从人生中退场。

为什么会这么想呢？我也说不清楚。大概我看透了自己，看透了这个现实社会的走向，以及人与人之间关系的本质吧。听起来有点狂妄，也只是非常微弱的心声，但确实是我的个人想法。就好像我说不清楚为什么会认为那些挂着"本日关店"的店铺，多多少少是真心想关门。

不过，经历了送别母亲这件事后，我如今明白，顺利安排好死亡并不容易。不仅处处有难关，连安稳地迎接痛快的死亡也是难上加难。人老了，身体会萎缩得越来越小，却还要给这副即将枯萎的躯体插上管子，把死亡搞得脏兮兮，把死亡变成空虚无意义的瞬间，这难道已经是不成文的规定了吗？死亡是最后的活着，为什么不能按照自己的想法，用自己期望的方式，以更丰沛的情绪来接受这一刻呢？为什么不能拥有死亡的自由呢？

如今器官移植也越来越普遍了，但我觉得，当下，这种情况不会发生在我身上，也就一直当作他人之事。不过，即便到了那一步，我也从来没想过要依靠别人的器官人为地维持自己的生命。

我们这一代人，年少的时候接受了右翼军国主义思想的教育，战败后又要面对迅速转变的大舞台，这种感觉就像是明白人生无常，也知道人生有所谓的天高地厚。这种念头深深植根于体内，始终伴随着自己，于是也没想着要人为地继续活着。

母亲去世的前一晚一直盯着我的眼睛，是想告诉我什么呢？

也许那不是此生的告别，很可能是她在回味病倒前吃的好吃的东西，希望在人生最后的绝境里，能拔下身上的管子，不再这么痛苦。她一定带着怨恨，想说出这些话吧。

如今，我都会时不时想起母亲当时的眼神，还有她握紧我的手，每每想起这些，我就忍不住想到自己会如何死去，想到死的艰辛。思绪亦不知飘向了哪里。

你死了我就开心了

A子医生说，丈夫们会全身心地照顾生病的妻子，一点也不为此害羞，但与之相对，一旦丈夫生病住院了，妻子们的态度反倒显得冷冰冰。

"也许我这么说有点过分，但爷爷们住院后，奶奶们确实有种'终于取得了天下'的快感。爷爷们常常拜托我们说'我想见我老婆，拜托你让她来探病吧，记得叫她来'，有时候我们都被说烦了，还有人说哪怕只看看照片也行。奶奶们倒是爽快得多，基本上不现身，即便看也是勉勉强强打电话来而已……"

我们给她们汇报了情况后，对方只是冷漠地说："告诉老头子，我身体不舒服，过不去。"A子医生说得一脸无奈。

"爷爷还自我安慰，说'这样啊，不过我家那口子确实身体不好'，自己默默忍耐着。其实护士们什么都知道，跟我说：'医生，爷爷不能这么被骗啊。那个奶奶哪里身体不舒服啦，一大早就去了柏青哥店，还换了好多游戏币呢。'这种情况也不是一个人两个人的个例。"

不过，在年迈的妻子中，也有人来医院拜访A子医生，和她吐露了心声。

"也算是她们的苦恼吧，确实有人说'真的不想照顾老公了，希望他早点死了好'。应该是以前积累了不少郁闷的情绪，才会这么说，在我这儿哭哭啼啼抱怨了一番后，说'那我再忍耐忍耐吧'，然后回了家。我觉得恨意还挺深的。"

这种男女之间的差异说明了什么呢？如今活跃在二十世纪七十年代和八十年代的女性们，大多成长在男尊女卑的时代，那时候明治宪法下的家族制度极为严苛。战争结束后，她们中的大多数一心一意做家庭主妇，服侍婆婆，服从丈夫。这种压抑淡化了她们与丈夫的关系，疙瘩还没解开的时候，又不知不觉走到了人生的终点。

"她们被家庭束缚了一生，没有一点自由，爷爷们去世后，反而有不少奶奶活得更精彩，像重生了一样。真不知道女性以前被压抑到了什么程度。"

A子医生说，只要观察病房里的情况就会发现，即便是距离老年还有一定年岁的夫妇，彼此的关系也差不多是这样。

"丈夫大多是为公司而活的人，家人们需要他的时候他总是不在，父亲们的缺席似乎成了社会定式，母亲和孩子只能同心同体地生活在一起。一旦丈夫到了退休年龄，他才意识到除了公司里的事情，他什么都没做过，也找不到活着的目标……这时候他倒想依赖家人，想加入家庭了。但对妻子来说，对方既没了性的魅力，也帮不上什么忙，还得照顾他。这种家伙，如今不要也罢。大概就是这种情况。"

说起来，我看过一个旅行社做的问卷调查，有一个问题是

"您想和谁一起旅行",三十多岁的女性中,有一半回答"配偶",而同年龄段的男性只有三成多这么回答;六十多岁的人里,有七成男性选择"和妻子一起",女性选择"和丈夫一起"的仅仅只有一成。

在人生终点的舞台上,老年男性被妻子们残酷无情地报复了。问题是,今后这样的男性还会越来越多吗?企业战士们过去把公司当作自我实现的对象,如今对象切换成了生病的妻子,他们还会继续细致入微地照顾结发之妻吗?

深夜的病房回荡着女人的叫喊

精神科病房可以说是浓缩了人生剧情的大舞台。

"男女的病房是分开的,但走廊连在一起,以前护士们总有说不完的笑谈。得了老年痴呆的爷爷骑在奶奶的背上,最后差点出了人命,搞得沸沸扬扬,还有一个奶奶把另一个剪了短发的奶奶当成了男的,撕下了纸尿裤想去诱惑对方,结果对方勃然大怒,大喊'别对我来这套'……不过最近的患者都很老实,没有遇到特别叛逆的,我们也少了好多剧情看。"

即便如此,我们也可以从精神病房夜晚的情况窥探到人类本性的表露。

那位老妇人,我们暂且叫她 Yone 吧。Yone 入住了特别护理养老院有一段时间了,但她很有自己的主见,性格也有点乖僻,于是转到了 A 子医生的病房。这之前她发作过几次脑梗,目前是瘫痪状态,还慢慢出现了痴呆症状,但还能进行正常的沟通。

"她的痴呆情况不是特别严重,就是很固执,说话也经常得罪人,不过也会观察护士和其他患者,常常和我聊天,这点还算懂分寸。她从一开始住进来身体情况就不是很好,有时候大吵大闹。刚好是她去世前的事情吧……"

那天晚上,安安静静的病房里突然传出有人大喊大叫的声音。护士赶紧冲过去看了看,结果发现是Yone。

"想要男人,想要男人,男人……"

叫喊声惨烈极了,反反复复重复着这一句话,听起来像是动物的狂吠。

"Yone一生未婚,也没有亲近的人,有说她把外甥当儿子养育的,也有说她一直靠接客为生的,反正有不少谣言,我们也一直不清楚她这一辈子到底怎么过来的。到后面她开始出现痴呆症状,我想,那晚的叫喊应该是她内心最深处的感受吧,去世前再也压抑不住了。"

七十五岁的Tami(化名)得了老年痴呆后,病情越来越严重。平时正常的时候,她一开口几乎每个词都会加个"御"[①],一副修养深厚的贵妇风。可一进入兴奋状态,满口都是没有底线的黑社会脏话,连最放得开的不良少女都难以望其项背。A子医生也模仿不来。

"'这帮畜生……干吗……王八蛋……'类似这种,她还叫得好大声。从刚进来的时候就这样,一兴奋就大喊大叫,乱来一气,我们只能强行把她关到保护室,中间还要挨她不少拳脚。等冷静下来,整个人又变了样,一副贵妇腔地安慰我们说:'真是多谢

---

① 日语的敬语表达。

你们的照顾，你们辛苦了。'"

Tami是我们现在说的未婚单亲妈妈。听说女儿的父亲身份不明，也有传言说她年轻的时候，在上流阶层出入的酒吧里工作，所以才养成了说敬语的习惯。

"和现在的年代不同，她这个年龄的女性做未婚妈妈，一个人养大女儿肯定不容易。没有超出常人的坚强，不努力拼下去，肯定走不到今天。这些一直压抑着的情感一旦发泄出来，就成了恐怖的恶言恶语。每次听到她的叫骂声，我都忍不住想：'这个人，一定是靠自己，艰难地走过来的啊！'"

心意不通的悲剧

有老妇人叫着想要男人，自然也有男性想要女人吧。

"从外面来的患者中，有个瘦得皮包骨的老爷子让我大跌眼镜。这人很生气地对我说：'我今年七十岁了，还可以干到七十五岁，医生你只要给我开点药，我还能让它挺起来。'还有人哀叹着：'我家老太婆不配合我，我没办法啊，只能自己忍着。'他们的欲望得不到满足，会失眠，或者焦躁不安。但配偶也会抱怨：'我都忍受了老公半辈子的性暴力了，医生你让我这个年龄还要继续忍耐吗？'可以想象，他们的性关系肯定很凉薄。也有女方只是想用一下男人的性器官，但男的会说，都这把年纪了，还能让你用？表现出一副高高在上的拒绝架势，其实不过是自我逞强。"

已经有痴呆症状的男性里，当然也有患者想炫耀自己"还未退休"的性能力。他们会摸一下巡房护士的屁股，或者把坐垫拿开，招呼护士说"过来坐我旁边"，这些都屡见不鲜。

"护士们也习惯了，她们会说：'好啊好啊，我们关系这么好，我等下就过来，你等我一下哦。'爷爷们这样也就满足了。奶奶们基本不太说很露骨的话。"

如果只是这种啼笑皆非的事情，说完了也就结束了，但男女之间的心意不通，有时候难免演变成悲剧。

有一位名叫源之助（化名）的老大爷，在妻子脑中风病倒后，一直在家辛辛苦苦照顾着。但看护不分昼夜，他的睡眠时间也严重不足，身体一直处于疲劳状态。妻子去世成了导火索，源之助也陷入了精神错乱，六十二岁那年住了院，被送到A子医生的病房。诊断后是狂躁抑郁症。

几乎同一时间住院的老太太须磨江（化名）也患有相同的病症。因为难以承受被相爱的男人抛弃，病情恶化，每天都嘀嘀咕咕说个不停，还把自己的头发抓得乱七八糟，到处走来走去。附近的邻居帮她联系了医院，办了紧急住院。进来的时候五十三岁。

这两个人都是精神因素导致的相似病症，只要过了发病时间，就能自动恢复冷静。在医院里相识后没多久，两人的关系变得亲密起来。

"他俩都没有亲人，心里更孤独吧，也更容易相互吸引。从这里搬出去后也一直在交往，听说还打算住在一起。大概是彼此的内心有不同想法，才导致了后面的悲剧吧。"

源之助在妻子病倒后，虽说也被照顾得无微不至，但他原本是习惯了女人来做家务的丈夫，非常大男子主义，在他们那个年代也很常见。出院后，他一个人的生活自理能力相当差。

"从他的角度来看，其实想找一个能取代保姆角色的伴侣。须磨江呢，一辈子孤独惯了，是个天真的人，她倒是想在两个人的生活里找到心灵的寄托。但男的每天只把伙食费交给她，吩咐'今天看看做些啥'，态度就像对待一个免费的保姆。须磨江很苦恼，过来找我诉苦，说，不应该是这样子的。渐渐地，她也绝望了，看着挺可怜的。"

以前被男人抛弃的时候，须磨江就曾深陷迷茫无助，这次也是，有一天突然离家出走了。结果，她从濑户内海的一艘船上跳了下去，自杀了。

"我知道消息后，难过得不得了。早知如此，我肯定不会让他们出院。一想到当初没阻止他们在一起，我就懊恼得不行。"

A子医生不断目睹着男女之间不断加深的裂痕。

她见了太多老人走向人生终点的故事，但如果要她描绘出老龄化社会的模样，她最先想到的，也最让她难忘的场景，是一位九十岁老爷爷的遭遇。

这位老人瘫痪多年，一直是八十五岁的妻子在照顾着。

"这位奶奶也到了一定年龄，希望有人来照顾自己。如果有人来照顾两个人的话，就会引起民生委员的注意。于是老两口很高龄的时候，搬到这里住了一段时间，后来又搬了回去。他们不怎么和附近的人交往，奶奶最多和邻居打招呼'你好'，所以外人推测老两口的生活也是比较简单的。但有一天，附近的私人医生突然接到电话，说爷爷的身体有异常，请到家里来。他们就迅速赶了过去。"

听说爷爷是感染了肺炎，在被子里躺了好几天。于是大家急急忙忙用救护车把老爷爷送到了A子医生的医院。

"送过来的时候,爷爷全身都发臭了,我们闻着忍不住要吐出来。睡衣和内衣全都是屎尿,估计湿了干,干了湿,反反复复多次,没清理过。皮肤也干燥了,几乎要掉皮了,褥疮也长得好深,我们把手术刀伸进去,脓水直接流了出来……我真是忍不住想大叫,为什么拖到这个时候才送到医院!但转念一想,一个八十五岁的老太太又能怎么办,她也没办法啊!哎,以后这种情况只会越来越多吧,老龄化问题越来越严峻,今后可如何是好。"

老年女性之间的相互伤害

东京近郊的某个小城里,有一个名为"为老人考虑"的团体,据说会员有一百人左右,绝大多数是单身生活的高龄女性。每个月一次的聚会上,大家会相互交流、参观福利机构等,甚至还办了自己的报纸。我听说后,专程去拜访了这个团体的倡导人S夫妇,他们同时也负责事务性工作。

这对夫妇距离老年还有相当长的年月,正是精力充沛的时候,但S先生的妹妹有重度精神残疾,至今未婚,父亲也因为年龄大而半身不遂,一直坐轮椅。正是日夜看护这两位家人的沉痛经历,才让夫妻二人涉足了社区内的老年人问题。

"有段时间,他出门的时候要抬两个轮椅,背上还背着小孩子,搞得满头大汗,附近邻居见了都说'S先生和太太简直是儿子儿媳的楷模'。"如今,这对夫妇才能笑着说起这些往事,照顾家人的那段时间,每天都像修罗场一样难挨。两个人还研究了不少日本现有的护理技术，包括病人的、老年人的、残疾人的，不管有用没用，学了再说。

S先生的妹妹当时在公立医院住院，基本是需要全天护理的状态。她自己连吃饭都不会，要是没人在身边，一天都生活不了。

"护士会拿着表在旁边计时，一顿饭必须在二十五分钟内吃完，但我们当时不了解这个情况。护士人手不够，一位护士要照顾多少位需要特殊护理的患者，基本是按护理人数分配下来的。如果患者吃一顿饭超过三十分钟，护士就会给他吃流食。而我妹妹的情况，就算有人帮她都得花四十分钟，所以没办法让人一直照顾她，最后就处于没人管的状态。可即便这样，每个月的花费都要三十万日元，我们很难承受。后来到处打听，拜托了一位兼职的家庭主妇，但医院里的人际关系又特别复杂，越是心地善良的人越辛苦，结果对方很快就辞职不干了。之后又找到一位年龄稍大的单身女性，每个月给十五万日元，对方接受，考虑到她还在领低保，我们也帮她保密了。做了一年后，她也生病辞职了……"

再后来，S先生的妹妹和父亲先后去世。这段经历让两个人开始认真思考，社区可以如何为那些要照顾老年人和残疾人的家庭提供更好的支持呢？

太太R子一直在做为市内老人提供食物的志愿者，负责给独居老人配送便当。

"我负责的片区里有一位八十岁的老奶奶，八年前病倒后左半身没了知觉，后来恢复了一点，能走路，摇摇晃晃的，还可以走十五分钟到福利中心的澡堂来洗澡。但说实话，老年人的世界也是意外地残忍,总是有人东说一句,西说一句,难免相互伤害。这位老奶奶最近开始出现痴呆症状,之前有一次洗完澡,出了池子,穿错了别人的内衣,旁边就有人提醒说:'哎,你穿错了!'她发现后立即换了回来,但被穿错了内衣的老奶奶出池子后,说了句'你怎么这样啊'。当着那位老奶奶的面,她还不依不饶:'真的是讨厌,我想着今天洗澡,特意换了底裤过来的……'好多人在旁边呢,这么说肯定很伤人啊。结果那位老奶奶再也没来澡堂洗澡了,我想她肯定很难过吧。所以老年人不留情面地攻击别人也是真实存在的事情。我们差不多每天都会遇到,很心寒。"

老年人啊,独立吧!

S夫妇想免费做社区老人服务的想法,正是基于自身照顾家人的经历。他们认为,弱者和弱者相互提供帮助,找到值得信赖的人,彼此间相互支持、扶助,最终可以形成一股强大的力量进行统一的调度和管理,而不是选择一条阻碍让人活得更有尊严的道路——这是促进老年人生活独立的思维,其根基来自合作社的运作方式。

"我们一开始做了好多宣传海报,一边做一边受挫,一边做一边遇到瓶颈,但就这么坚持了下来。"S先生和R太太说着看了看彼此,那种默契的神情像是早已取得了共识,哪怕做福利社团、老年社团的想法暂时没取得好的结果,他们也不会轻易半途而废。

"那你们具体想做哪些事情呢?"

"举个例子,独居老人病倒了,比如撞到了墙上,如果没有家人的签字,连住院手续都办不了。这里面存在几个问题。首先,大家连哪里有合适的医院和机构都不清楚。我们抱团后,就能集体购买医疗、看护、福利等保险,就像在生活合作社买吃的一样。万一独居老人生活不能自理了,我们也能保证有人去照顾他们,帮助他们维持做饭、上厕所、起身、睡觉等日常生活,最主要的是我们可以立即提供这些支援。前提是大家交一笔费用,这样就能形成一个互帮互助的支持网络。基本上就是这样操作的。"

有位前不久刚过世的老人留下遗言,说愿意捐献小城里一百五十坪的土地,用于建这个计划中的福利公寓。计划的具体内容是用这块地盖公寓,入住者付费搬入,每个人住单人房,大家一起自主运营日常生活,相互帮助,共同做饭,共同享用。

"前提条件一定是相互帮助,按顺序轮班,乍一看好像先病倒的人占了便宜,因为健康的人需要照顾生病的人,但这样不也挺好?大家生活在一起,和投缘的人交流,各出一份力,独立自主地度过今后的生活,而不是呆板地完成上面分配下来的任务——我无论如何都要把这个想法落地。只是老人的遗言虽然有提供土地的证明,但继承人里有一个人反对,目前还是困难重重……"

// 燃烧未尽的晚景

有血缘关系的家人的现实

令S夫妇最沮丧的一点是，老年人并没有多么追捧这个计划。不少人的反应是，嗯，计划我听懂了，我也觉得不错，但我还是算了吧……

"那他们万一病倒了怎么办呢？身体不方便了，不还是要去住特殊看护医院，把自己一辈子的东西打包进两个纸箱？医院有规定，只能带两个纸箱的东西。其实大部分人的情况只需要一点点援助就能好好生活下去，但他们还是从家里搬到了离市中心老远的地方，在随随便便盖起来的房子里住着，感觉被隔离在了老人医院一样。更麻烦的是，有痴呆症状的老人还常常不被允许住进去，而住进去的老人又得到了什么样的待遇呢？每天早上给他们换衣服的时候，一个人一分钟，唰唰把睡衣脱了，唰唰再把其他衣服穿上，简直像奥斯威辛集中营那样把人逼得紧紧的。而不这样操作的机构呢，就让老人从早睡到晚，看起来也没什么人权。对那些睡不着的、有点躁动的老人，可以凭工作人员的判断来决定用不用安眠药。就是这么乱来。通常夜里只有一两个人值班，要负责看五十多个人的话，肯定会用安眠药让老人睡觉啊。或者，为了不让老人到处走动，绑住他们的手脚。这不就是以后老人要面临的现实情况吗……我真心想改善这种局面。老人们活到最后，往往都是孤独一人，一旦发生什么意外，很容易有被全世界抛弃了的感觉。"

现实中，这些独居老人面临着各种各样的潜在问题，而他们就真实地活在S夫妇身边,过着看不到希望的生活。七十八岁的老奶奶Hisa就是这种情况,她也是R太太负责配送便当的对象之一。

"马上就要到夏天了,Hisa还穿着冬天的衣服,说自己两年都没去过澡堂了。身上的皮肤都变成了褐色,和这个桌子的颜色差不多。我拉她去市里面的日间服务中心洗澡,她又不愿意。她知道我是谁,但叫不出我的名字,每次都称呼我'太太',我估计她的痴呆越来越严重了。"

Hisa的生活日常是每隔一小时外出走一圈,大概走到家门口五六米远的地方,来来回回。我仅想一想就要窒息了,这是多么无聊又多么空虚的生活啊。

"不过,还好Hisa有三个儿子。一个在岐阜,另外两个在东京,Hisa说她绝不和儿子一家住在一起。她好像和岐阜的儿子同居过一段时间,但非说什么自己是日本桥附近出生的人,喜欢热热闹闹的生活,不喜欢乡下地方。真是搞不懂。听邻居们讲,偶尔也能看到儿子儿媳回来看她,但只有儿子进屋,儿媳在外面等着。要是她和邻居打招呼,说'母亲受您关照了'之类的,邻居们也会对她客气一点……邻居说起来也是唉声叹气,搞不懂这一家人。"

我听R太太说着的时候,S先生也在一旁诉说他的观点。

"所以说啊,即便是有血缘关系的家人,彼此间也有边界,远亲不如近邻嘛。只有和邻居们相互团结,形成一个网络,组成新的家族形式,才有未来。当然,有血缘关系的家人也可以成为这个网络里的重要存在。我还是觉得,互助社团,必须得做起来……"

双方同意的离世

老年的尽头是死亡。现在的人是如何看待死亡的呢？有没有发生意识上的转变呢？如果能坦然接受老年的到来，珍惜当下每一刻，度过人生的每一天，说不定也能稍微幸福一点地看待死亡的临近。然而，角角落落里若隐若现的老年状况，似乎离这种幸福很遥远。当然，这也可能是我基于自己的有限经验，过于狭隘的看法罢了。于是，我去拜访了一位在某大学附属医院病房工作的护士长，也是我的熟人，想探访死亡一线。

她的患者多是晚期病人，她也因此非常近距离地接触着生命的终点，在病床边守望着病人一点点失去呼吸的瞬间，每年都会直面几十次死亡的到来。

在她工作的病房里，有接受过各种外科手术后住院的患者，也有癌症晚期患者。他们住进来后，医生和护士会和患者本人及家人进行深入沟通。据说这种沟通不仅要说明院方的治疗计划，也会坦白告知各种可能性，甚至是生命的最后期限。

"我们积极提供各种信息，并且和他们深入交流，也是为了让患者能更主动地接受治疗。在这个基础上，患者说'明白了'，就会认真考虑接下来如何活得更有意义，比如，拿回公司里没完成的文件，在文字处理机上开始工作，或者去医院外面和亲近的朋友热闹一下，还有人去买书。这样其实会过得更充实。"

当医生判断最后的时刻快要到来了，他们也会严肃地准备分别这件事。

"可能我这么说有点奇怪,但我最近有种明显的感觉,患者和家属好像彼此间能坦然接受去世这件事了。我认识的一对夫妇,在双方同意的基础上,有一方先离开这个世界,就像当初两个人同意结婚一样。这让人感觉死并不是离我们很遥远的事情,而是和生紧紧相连着,不可分割的一部分。"

在医生的判断下,患者的家属和亲近的人会赶来医院,和患者一起度过分别的时刻。好好分别后,病人会一点点、一点点失去意识,如果在患者非常痛苦的情况下,医生可能会采用注射药物的方式来减轻病人的痛苦,直至死亡到来。

前段时间有位老人因为直肠癌过世了。作了告别后,患病的丈夫对妻子说:"时间差不多了。就快好了,好了。"他的声音特别温柔,妻子沉默着点点头。两个人好好道别后,丈夫走向了生命的终点。

还有一位男性患者患有食道癌。这位年轻时是企业战士的大男人被医生告知:"万一到了那一刻,气管里的血会止不住地流。"

有天晚上,护士站突然铃声大作,正是这位患者的病房发出的异常信号。医生和护士飞奔过去,但这位患者的气管已经开始出血了。

"这是我们最害怕的出血情况,完全止不住。我们只能赶紧告诉他,你还有什么想说的话,快说出来,我们会传达给家人。"也许是提前告知过家人了,患者本人倒是非常冷静地接受了这一刻,说:"我没有什么要说的了,谢谢你们。"说完没多久就断了气。

我认识的这位护士送别了太多死亡,已经看淡了。从她冷静的话语里，我感受到生命燃烧完全后的深邃与平静。原来，还有这种走向死亡的方式。我的心也一点点安定下来。

把死亡变成捉迷藏

随着医疗的高科技化，死亡现场也出现了另一种变化。

"比如，八十岁的父亲到了病危时刻，他的五个孩子还有家人都急匆匆赶来东京……"

和我说起这种变化的是一位治疗遗属心理痛苦的研究者，他也见证了很多死亡现场。

"大家聚集在医院ICU病房外的走廊上，守护着最后的时刻。庆幸的是，老人闯过了鬼门关，家人们也就散了，住得最远的人先走了。老人住了一个月医院也出院了。可半年后，孩子们又收到了通知，'父亲又病危了'。但儿子还要忙着公司的事情，就派太太先过去看看。这次也平安度过了，之后出了院……这么搞了两三次后，母亲对孩子们说：'等到真正不行的时候我再通知你们吧，别再一个个都跑过来了。'真等到那一刻，结果只有母亲守护在父亲身边，看着父亲离开了。这种事情在实际生活中不算少见，你不能说孩子们冷漠，或者家庭关系寡淡什么的，也不能说他们好好接受了死亡。从前的人生了病快不行的时候，身边的亲人哇的一声全都哭了，病人在哭声中离开，但现在，大家对最后一刻没那么紧张了……"

还有另一个家庭的故事。

九十二岁的父亲病危，家人们考虑着老人确实到年纪了，说不定这次真扛不过去了,就开始准备殡仪馆和墓穴的事情,一直在身边守着。可儿子也不可能向公司请假一周甚至十多天,就算大家聚在父亲旁边,听他回忆着这一辈子,话也会慢慢说完。结果父亲的身体又好转了,一点点恢复了精神,甚至开始说肚子饿啦,想吃茶泡饭啦之类的。等家人们一散去,又病倒了,没多久又好转了,重复了好几次,连孙子都会开玩笑说:"爷爷不是说下次想吃仙贝吗?"同样的情况经历几次后,最开始的紧张感就减弱了,再也不可能有第一次那么紧张了。

"以前的情况基本是电影里拍的那样,孩子们接到病危通知,当天晚上奔到医院,把脸凑到老人面前,鼓励着'老爸加油啊',或者在耳边说'我是个不孝子,对不起,请您原谅',然后老人才闭眼。结果现在变成了立即好转,还要吃茶泡饭。等到真正的生离死别到来时,已经没了最激动的情绪,好像最重要的时刻已经结束了,甚至有种模拟过死亡现场的感觉。"

这似乎是每个家庭都会经历的死亡场景。反复几次到来的分别,让死亡变成了像"捉迷藏"一样不严肃的事情。而随着医疗技术的发展,死亡失去了作为死亡本身的魄力,连人类的悲伤都变得有些稀薄。

"美国学者把这种情况称为'提前到来的哀叹'。人凝视着死亡而活着的这段时间,就好像已经死去了一样,很容易产生一种心理状态,把死亡看成了过去时,从而无法在悲哀与泪水中等待死亡的降临。生活在现代社会的我们,被迫体验着这种新的苦难。"

如何迎接老年的到来,仍然是每一个人都要面对的人生难题。如果我们把死亡降临前的时间变成了空虚之物,那我觉得,在这个时代老去也变成了更加悲哀且辛酸的事情。

译后记

这是我翻译的第二本斋藤茂男先生的书,但两本书联系紧密,用作者的话说,《妻子们的思秋期》和《燃烧未尽的晚景》互为姐妹篇。前者记录了中年女性身为"妻子"的世相,后者则描述了女性照护痴呆患者的真实境况,追求晚年性生活的心境,以及老后被子女嫌弃的无奈现实。和《妻子们的思秋期》相同的是,作者的写作背景是二十世纪八十年代的日本,但本书围绕老年女性讨论的三个话题,已然在老龄化日渐加剧的中国社会里,成了我们不得不直面的课题。

第一部分《老去之路,女性之路》聚焦了照护老年痴呆患者的女性们。然而,在对本书关键词之一的"老年痴呆"的用词上,我和编辑就大为头痛。斋藤先生在原文里使用的日语是"ボケ",中文直译过来是"痴呆"。但在二〇〇四年,日本厚生劳动省为了避免"痴呆"可能包含的歧视意味,将此病统一改称为"认知症"。目前的中文语境里也有类似倾向,开始用"认知症""失智症""认知功能障碍"等表达指代"痴呆",但"痴呆",尤其是"老年痴呆"仍为最通俗广泛的说法。近几年,阿尔茨海默病群体引起了更多的社会关注,但此病症只是"痴呆"的一类情况,"痴呆"的范围要比阿尔茨海默病广得多,包括血管性痴

译后记

呆、遗传代谢等疾病性痴呆、神经系统感染痴呆等。正是通过这本书的翻译，我才对笼统的"痴呆"概念有了初步认识。

当更进一步去挖掘国内的老年痴呆现状时，我惊讶地发现这个群体的数量已经达到一千五百零七万[①]。也许是身边很少遇到现实患者，才让我们误以为他们是"看不见的群体"，但很少遇到不代表他们不存在。全国第七次人口普查的结果刚好在我完成本书翻译时公布，其中显示中国六十岁以上人口占总人口的18.7%，即我们已进入了深度老龄化社会。六十岁以上老年痴呆的发病率是5%，每增加五岁，发病率就增加一倍，意味着老年人口越多，老年痴呆患者的数量也越多。如何照顾他们，以及谁来照顾他们，不仅是家庭要面对的问题，也是整个社会需要一起承担的课题。

在斋藤先生四十年前的记录中，我们看到了三个故事：幸江照顾婆婆Yone；美喜子照顾两位痴呆老人——先生的生母和姨妈；千鹤子照顾婆婆三十年后，接着照顾先生，最后却遭到先生的背叛。这些女性都出生于二战前的日本，经历过战争的苦难，也接受了传统严苛的贤妻良母式思想教育。做好妻子、好媳妇，不仅是社会对女性的期待，也是她们内心的自我规范。进入迟暮之年后，当她们赫然发现人生的大部分都献给了家庭，不停地照顾父母、丈夫、孩子，即便怅然若失，她们也觉得应该这么做。

这让我想起了母亲这一代中国女性。我十岁的时候奶奶得了

[①] 数据来源于《柳叶刀·公共卫生》于二〇二〇年十二月发表的一项关于中国六十岁以上人群的痴呆症研究。这项研究报道，我国六十岁及以上老年人中痴呆患者约一千五百零七万人，其中阿尔茨海默病患者约有九百八十三万人。

癌症，做手术、化疗的整个过程都是母亲在照顾她，直到去世；而我姑姑出嫁后，与公婆住在一起三十多年，最后十年基本是边上班边照顾得了慢性病的两位老人，直到他们先后离世。我母亲和奶奶的关系，我姑姑与公婆的关系都非常融洽，她们并没有过多抱怨照顾老人的辛苦，也认为这是自己应该做的事情。如今，我生活在广州，常常在自己住的小区楼梯间看到一对老年夫妇，妻子搀扶着颤巍巍的老先生。这位老先生目光呆滞，难以独立行走。我不能确定他是否为老年痴呆患者，但从妻子既慈祥又沉重的表情可以看出，她的照护任务一点也不轻松。女性身为女儿、儿媳、妻子，在照顾老人的漫漫长路上，像推石头爬坡的西西弗斯，单调重复，看不到希望。

随着时代的发展，年轻人涌入城市，旧式的养老状况开始发生变化。在日本，小家庭基本不和老人住在一起，老人不得不变得更独立，或者依靠养老院等福利设施。然而，斋藤先生在书中提到的"父母和子女间的联系很少"这一状况没有根本性改变，于是"孤独死""无缘社会"成了日本社会面临的新问题。这当然不是我们最想借鉴的经验，但面临日益严峻的老龄化趋势，尤其是老年痴呆患者群体渐渐浮出水面，仅仅依赖女性来承担赡养老人这一重任显然无法满足越发庞大的需求。中国社会该如何解决这一照护问题，是每一个人都需要思考的课题。

第二部分《燃烧未尽的晚景》记录了老年人的性生活。染和新吉在养老院相遇后，相互吸引、爱慕，直至发展到身体的亲密接触；志穗和让太郎也在养老院相遇相知，还结了婚，志穗说她到晚年才找到了做女人的感觉；而津弥年轻时遭到男性羞辱，为此付出了一生的代价。斋藤先生说在采访的过程中最受冲击的

译后记

是，他没想到老年人不仅有性生活，还能大大方方地和他分享这种体验。这让他对"老年人"这个熟悉的词有了新的认识角度，原来，这个群体除了衰老、体弱多病、百无聊赖，还有我们不曾了解的另一面。

坦白说，"性"在我们的语境里也是人们常常避讳的话题，老年人的性生活更甚。然而，《金赛性学报告》[1]指出，即便是七十一至七十五岁的老人，也有半数继续过着性生活。而且，老年人的性生活无比丰富，超出了年轻人的狭隘认知，性需求也会一直持续到临死前。性不是年轻人的专属权利，而是生命的一部分；老年人的性也并不可耻，可耻的是人们老旧的偏见。

当斋藤先生在四十年前把这一隐晦的话题放上桌面时，不可谓不大胆，尤其是他作为一名男性，将镜头对准了老年女性，揭开了她们在性方面的真实告白。我们这才发现，不是只有和生育相关的性才可以被光明正大地拿出来讨论。年轻的时候，女性往往在性生活里处于被动角色，甚至被迫配合对方，很难享受到真正意义上的愉悦；到了更年期，特别是闭经后，又容易被误以为"失去了女人的资格"，更遑论对性的追求。在这种背景下，让老年女性表达自己的欲望，谈何容易？

一项在英国进行的研究显示，对老年女性而言，她们对生活的满意程度与亲吻、抚摸、拥抱等广泛性行为的频率成正相关关系。也就是说，除了传统意义上的性行为，书中提到的"肌肤接触"也可以让老年女性得到更强烈的幸福感。听起来很简单，可

---

[1] 由美国学者阿尔弗雷德·金赛等人所写的关于人类性行为的书，被认为是二十世纪最成功和最有影响力的科学类书籍之一。

247

老年女性自己都觉得这难以启齿，更不用说对老年人的性抱有极大误解的我们。

还好日本的斋藤先生写了出来，让我们可放眼身边独自生活的老年人，尤其是老年女性们。她们的生活除了带孙辈、照顾儿女、近几年流行的结伴旅行外，我们很难读懂她们最深层的诉求。但公园的老年人相亲角、地下舞厅，甚至养老院里，这些疏散老年人欲望的场所又若隐若现地出现在聚光灯下。这种冲突提醒我们，对父母，对全社会老年人的照顾要基于对他们更好的了解之上，我们自以为的关怀也许是一种选择性视而不见罢了。

第三部分《现代弃老传说》记录了老年人被时代抛弃后，选择自我了结的悲剧，生活在农村地区的Fusa和梅就是这样两位女主角。随着农村的城市化，老年人逐渐失去了自己的舞台，找不到生存的意义。一旦陷入慢性疾病的困扰，她们很容易产生"自己一无是处""成了家人累赘"的念头。这种现象可以说就是日本古代"弃老传说"的现代版。城市化进程不可逆，日本的很多乡村不仅人口锐减，甚至成了空荡荡的无人之地。于是，"弃老"也以新的方式呈现出来。

斋藤先生在采访笔记里记录了一位叫加津枝的老年女性，她有三个生活在城市里的儿子，却像皮球一样被踢来踢去，谁也不愿意长久地照顾她，甚至住在一起也不怎么和她说话。这种表面上的"孝顺"不过是另一种形式的"弃老"，迫使老年人不得不想好自己的出路，很可能还是不归路。

深受儒家文化影响的我们，把"孝"看作家庭伦理的核心，但做到哪一步才是真正的"孝"，也许判定的主体应该是老人，而不是作为照顾者的我们。老年人真正需要什么，如何才能过上更有质量的老年生活，如何才能活得更有尊严，评判的话语权应该交还给他们。

斋藤先生在书里一并提出了老年男性比老年女性生存得更为艰难的观点，以及如何面对死亡的话题，甚至引用了自己面对母亲离世时的经历。整体来看，这本书涉及的话题极为广泛，案例也极为丰富，读起来信息量大，且每一个问题都值得深思。我不认为这是他"贪心"，想在一本书里呈现诸多课题，而是他迫切地感受到了每一个人都会老去，每一个他所采访到的问题都会是我们老后面临的难题。如果不早点把这些问题捅破并引起关注，展开更多公共领域和私人领域的探讨，那么最终仍旧是我们自己来承受老龄化社会中的各种困境。

这本书的翻译过程，是我即将成为母亲的过程，也是我对老年群体重新认识的过程（包括我的父亲，我的公婆，以及我身边接触到的老人们）。我才发现，我对他们的了解真的很有限。当我有意识地去了解他们的人生经历，包括他们的原生家庭后，我便更能理解他们的性格、习惯、思维方式，以及对生活的期待。我同意斋藤先生在书中提到的瑞典社会里老年人更独立更自主的生活方式，但我们的文化背景决定了在较长一段时间内，我们只有对自己的父母、对老年群体投射更多关注，释放更多关爱，同时督促政府健全相关福利政策，建立有效的互助网络，才能创造出一个对老年人更友好的社会。而这样的社会，也会为我们老了之后提供受益无穷的环境。

高璐璐

二〇二一年六月